销售为先

打造不可复制的销售竞争力

[美] 诺埃尔·凯普
[美] 加里·图布里迪
[中] 郑毓煌
◎著

盛蓓蕾◎译

中信出版集团 · 北京

图书在版编目（CIP）数据

销售为先：打造不可复制的销售竞争力 /（美）诺埃尔·凯普，（美）加里·图布里迪，郑毓煌著；盛蓓蕾译．-- 北京：中信出版社，2018.9

书名原文：Sales Eats First:How Customer-motivated Sales Organizations Out-think, Out-offer, and Out-perform the Competition

ISBN 978–7–5086–9241–8

I. ①销… II. ①诺… ②加… ③郑… ④盛… III. ①企业管理－销售管理 IV. ① F274

中国版本图书馆 CIP 数据核字（2018）第 160654 号

销售为先：打造不可复制的销售竞争力

著　　者：[美] 诺埃尔·凯普　[美] 加里·图布里迪　[中] 郑毓煌
译　　者：盛蓓蕾
出版发行：中信出版集团股份有限公司
（北京市朝阳区惠新东街甲 4 号富盛大厦 2 座　邮编　100029）
承 印 者：北京诚信伟业印刷有限公司

开　　本：880mm × 1230mm　1/32　　印　　张：6.75　　字　　数：155 千字
版　　次：2018 年 9 月第 1 版　　印　　次：2018 年 9 月第 1 次印刷
广告经营许可证：京朝工商广字第 8087 号
书　　号：ISBN 978–7–5086–9241–8
定　　价：55.00 元

《目 录》

如何成为一个优秀的销售或销售管理者？

当我第一次拿到《销售为先》这本书的时候，就被它的内容所吸引。细读的时候，我仿佛又回到了多年前的销售战场，因为书里写的许多案例和公司我都亲身经历过。在几十年的销售生涯中，我曾经在惠普、思科公司负责销售工作，甲骨文公司也曾经是我们的长期合作伙伴，施乐公司则是我们的竞争对手。看到书里的案例，许多往事都历历在目。这本书确实写得很实在，也很实用。

书中列举了许多优秀销售人员和销售管理者的标准：他们有使命感；他们以客户为中心；他们敢于试错；他们专业靠谱。以书中提到的销售人员必须有使命感为例，这使我想起了一件往事。某公司夏季要在北京开一个业务部门的会，由于北京六七月的天气变化无常，这时候南方的天气变化也较大，多雷雨天气，所以不同部门的反应是不一样的，有些部门的人员会临时提出因为航班延误等原因不能按时出席。但是，一个真正合格的销售绝对不是这样的，即使面临天气困难，他也会买机票飞到附近的城市，降落后再租车赶来开会；或者他会马上改乘高铁赶来开会；甚至他会自己开车千里奔波赶来开会。总之，一个真正合格的销售一定会尽一切可能来完成这项任务，做到使命必达。

这本书突出的两大特性是：系统性和实用性。我从 2000 年起在惠普商学院和清华大学继续教育学院任教，接触到许多企业家，特别是民营企业家，大家都认为销售非常重要，特别是对于 B2B（企业对企业商务关系）企业来说。然而，市面上大量的营销、销售类书籍要么是一些商战小说，要么是作者根据自己的经历自创的一些套路（诸如切割、搞定、战法之类），甚至还有许多励志鸡汤型的无厘头培训（例如教你怎么把梳子卖给和尚），根本不成体系。整体来看，中国企业界非常缺乏一种能够沉下心来，从优秀企业的实践中通过大量调研总结得来的、能够指导销售工作的理论体系。《销售为先》这本书就帮助我们解决了这个问题。

今天，世界已进入 VUCA 时代——我们正面对着一个易变（volatility）、不确定（uncertainty）、复杂（complexity）和模糊（ambiguity）的世界，这样的时代更需要理论的指导和实践的启发。要想改变世界，首先要走出去看看世界，了解一下世界上都有哪些好东西。不少中小企业家和创业者因为没有机会接触到先进、规范、成熟的管理经验和体系，就容易陷入“不知道自己不知道”的认知误区。《销售为先》这本书正好帮助这些企业家解决了这个问题，系统化的理论体系，有助于提升和强化他们的B2B业务能力。

我为什么觉得本书很亲切？因为我在几十年的实战中经历了许多书中所讲到的内容，而且也用到了书里讲到的许多理念和方法。然而，由于长年在销售一线打拼，我没有时间坐下来认真地思考和研究整理，没能像本书作者诺埃尔·凯普等大师级教授那样去调研更多的知名公司、去系统地总结这些经验。因此，我特别喜欢这本书里总结出来的打造优秀B2B企业销售力的5大要务：（1）前线领导：通过以身作则激励手下的领导力；（2）关怀下属，充分授权：清楚表达公司目标并帮助大家完成目标的管理方式；（3）提升销售的科学性与客户关系的艺术性：捕捉知识资本并产生有价值的客户关系的基础设施；（4）敢于试错：为了产生新的灵感，由底层自下而上的创新精神和承认错误的勇气；（5）在销售中践行使命：给予销售代表除了奖金和提成以外的更大使命感。

华为公司创始人任正非说过：“华为之所以能够在全球市场取得今天的成绩，就是因为华为十几年来真正认认真真、恭恭敬敬地向西方公司学习管理，真正走上西方公司走过的路。这是一条成功之路，是一条必由之路。”由此可见，学习先进的管理经验是多么重要。所以，我诚挚地建议每一个企业家和企业高管都要认真读这本书。这本书里总结的销售力5大要务对于每个企业家、企业高管和销售人员真是太重要了，非常实用，可以帮助企业真正打造一支优秀的B2B销售铁军，制定以客户为中心的战略和计划，并做到使命必达。

张坚（Jerry Zhang）

营创·销售学院院长

思科中国区原副总裁

2018年6月

企业家如何持续成长并获得成功？

《销售为先》中文版终于出版了。

这本书是哥伦比亚大学商学院诺埃尔·凯普教授和我合著的第二本书。想到凯普教授，心里就不由阵阵温暖。能够和这位已年届 81 岁高龄的大师级教授再次合作出版新书，真的是我的荣誉和幸运。凯普教授的学识和为人，值得我学习一辈子。

举个例子。2018 年 5 月，我邀请凯普教授来中国为营创学院的 EMBA（高管工商管理硕士）学员们授课。在讲到即将出版的《销售为先》这本书时，凯普教授说："销售领导力的第一秘诀就是以身作则。我们做个练习：假设这里是一个军营，你们每个人都是新兵，我是你们的教官，现在我要求你们每个人都趴到地上，做 100 个俯卧撑。"

当时，现场的企业家学员们每个人都带着迷茫和疑惑的表情面面相觑。

看到没有人反应，凯普教授突然放下话筒，迅速俯身趴在地上，用双手支撑身体，一口气做了几十个俯卧撑，震撼全场。

要知道，凯普教授今年已经 81 岁高龄！

在一阵雷鸣般的掌声之后，现场数百位企业家纷纷趴到地上开始做俯卧撑，我也趴到地上一起做俯卧撑，全场沸腾。

优秀的领袖就是要以身作则，身先士卒！这真的是在我从哥伦比亚大学博士毕业 12 年后凯普教授再给我上的一堂课，而且是我这一辈子都不会忘记的一堂课！

从一个玩泥巴的农村孩子，到今天在清华大学任教并创办营创学院，我真的要感谢清华大学和哥伦比亚大学对我的培养。回顾自己在清华大学和哥伦比亚大学读书期间，最大的收获就是结交到了一生的良师和挚友。凯普教授就是我在哥伦比亚大学商学院的老师，并因此和他结下了一生的友谊。正如中国古话所说，一日为师，终身为父。而我更要感谢凯普教授的是他对我一直以来的鼓励和支持。就在这次访华期间，他把营创学院"用 1% 学费，上哈佛、沃顿全球顶级师资线下 EMBA"的实践写到了哥伦比亚大学商学院案例库中，并称之为全球商学院教育行业的"颠覆式创新"！

作为清华大学博导、营创学院院长，我指导过包括沃尔玛全球 CEO（首席执行官）董明伦（Doug McMillion）、国美董事局主席杜鹃等在内的许多国内外企业家，亲眼观察到他们是如何成功的。今天，我希望做企业家和创业者们的良师益友，帮助更多人实现梦想。接下来我用 30 个字给大家讲讲，如何才能成为一位成功的企业家。

第一，眼界和视野。我 18 岁才第一次坐火车从家乡福建来北京，而北京的孩子可能 3 岁时已经坐过飞机 5 次。所谓“读万卷书，行万里路”，眼界和视野特别重要，而且很多事情不是书本上能学到的。我在哥伦比亚大学商学院读博士期间，还认识一位杰出女教授席娜·艾扬格。大家可能想不到的是，她是个盲人。然而，虽然她眼睛看不见，却不仅成为哥伦比亚大学商学院教授，还被《金融时报》评为全球 50 大思想家之一！有了她这样的榜样，2015 年我膝盖受伤时，我就想：“艾扬格教授眼睛都看不见，我膝盖受伤又算什么？”多接触伟大的人，你才能激励自己去变得更伟大。

第二，胆识和勇气。光有眼界和视野不够，还要有胆量去做。王健林来清华演讲时说过，“什么清华北大，不如胆子大”。这句话其实很有道理！ 2017 年 11 月，我在清华主持了清华学生创业协会 20 周年的纪念活动。参会的十余位校友的公司市值合起来超过 3000 亿人民币，包括美团、中文在线、百合网、清科等。以美团为例，大家看到了王兴的成功，但是可能都想不到王兴是在美国读博士时辍学回国创业的。而百合网的联合创始人慕岩也是在美国读博士时辍学回国创业的。所以要创业，一定要有胆识和勇气。

第三，能力和智慧。有了眼界和视野，也有了胆识和勇气，企业家和创业者要想成功，还需要有能力和智慧。没有哪个人生下来或者大学毕业之后就会进行企业管理，所以企业家和创业者都需要终身学习。学习包括读书、面对面学习等多种形式，其中读书更多是开拓思维和增长知识，而要提高能力则更需要面对面学习，甚至最好有老师手把手地指导，再加上自己的实战演练。只听不练的话，很难真正提高能力。不信的话，想想看我们大多数人吃过多少次土豆丝，但是却永远不会炒土豆丝。

第四，连接和资源。有句话这样说："你是谁不重要，重要的是你和谁在一起。"其实，不论在国内还是国外，人脉和圈子都非常重要。不论是清华大学还是哥伦比亚大学，最吸引人的除了优秀的教授，还有校友之间的连接和资源。营创学院的校友今天能够享受到很多福利，包括在沃顿中国中心、哥伦比亚大学全球中心学习，其实也都是我通过连接和资源带给大家的福利。在今天的互联网时代，我更要鼓励大家多线下连接，而且要用真诚去连接。在学校里形成的师生关系和同学关系是最自然、最真诚的关系，大家要投入时间，多做奉献。

第五，努力和坚持。大家都知道努力和坚持的重要性，这是成功的必要条件。在创业路上，每个人都会遇到困难，谁也不可能一帆风顺。遇到困难时，如果坚持就有可能克服困难并获得成功，而如果放弃则只能承认失败。再以清华校友、美团创始人王兴的成功为例，王兴也是经历了"校内网"和"饭否网"等多次创业失败，才有了今天美团的成功！

第六，理想和使命。努力和坚持都很累，很多时候你坚持不下去。什么才能够支撑企业家和创业者坚持下去？伟大的理想和使命。

脸书（Facebook）今天市值超过5000亿美元，创始人扎克伯格年仅34岁个人财富就超过巴菲特而名列全球前三。然而，在脸书最困难的时候，几乎所有高管都离开了他，很多人都劝他赶紧接受雅虎等其他企业的收购。最终，是扎克伯格希望连接全世界的理想和使命使得他坚持下去，而不是钱。如果为了钱的话，扎克伯格也就不会几年前就宣布把所有个人资产全部捐出去。

所以，没有高远使命，梦想难以成真。2018年5月初，我带领十来位营创学院企业家校友一起去斯坦福大学访问，再次受到了非常大的震撼。要知道，在斯坦福大学创立时，美国东部已有哈佛大学、耶鲁大学、哥伦比亚大学、宾夕法尼亚大学等多所百年名校。然而，斯坦福夫妇却在当时荒凉的西部农场创办了斯坦福大学，今天斯坦福大学不仅声誉上不输给哈佛大学等东部名校，而且还催生了硅谷，并影响了全世界的创新创业。

今天，我也给自己定下了后半辈子的使命：建设一所人人都上得起的"哈佛商学院"。目前，不管在中国还是国外，顶级商学院的门槛都非常高，哈佛、沃顿商学院的EMBA学费高达100万元人民币，清华、北大、长江、中欧的EMBA学费也高达60万元人民币以上。我自己出身农村，因为受益于教育而改变了命运，因此，我希望能够在"寒门难出贵子"的今天，在中国城乡差距空前巨大的今天，和大家一起努力来办一所新型的大学，以让更多的人能够改变命运，这是我创办营创学院的初心。

那么，如何才能建设一所人人都上得起的"哈佛商学院"？

清华大学校长梅贻琦曾经说过：“所谓大学者，非有大楼之谓也，有大师之谓也。”

因此，在 2018 年 1 月营创学院推出第一个 EMBA 项目之初，我们就决定：不惜一切代价，请来全球最顶级商学院的大师级教授来为大家面对面授课！

半年来，我们已经请来了多位全球顶级商学院的大师级教授来营创学院面对面授课：

2018 年 3 月：有硅谷“创业教父”之称的史蒂文·霍夫曼（《福布斯》全球排名第一的孵化器 Founders Space 创始人）；

2018 年 5 月：哥伦比亚大学商学院教授诺埃尔·凯普（全球营销大师、“关键客户管理之父”）；

2018 年 7 月：沃顿商学院教授斯图尔特·戴蒙德（全球谈判大师、普利策奖得主）。

已经确认即将来授课的有：

2018 年 9 月：斯坦福大学设计学院教授巴里·凯茨（全球设计思维大师）。

让我骄傲的是，这么顶级的全球师资，面对面线下授课，营创 EMBA 的学费仅为哈佛、沃顿、清华、北大的 1%！

经过半年的努力，营创 EMBA 已有超过 1000 位企业家加入，成为全国最大的 EMBA 项目。接下来，我们会更加努力，继续努力，邀请全球顶级商学院的大师们来为营创 EMBA 的企业家们面对面授课！

营创学院的初心和愿景从未改变：建设一所人人都上得起的哈佛商学院！

半年来，我们走出了第一步。

当然，离这个终极愿景，我们还差得很远。

但是，所有的伟大，都源于一个勇敢的开始。

教育改变命运，我们改变教育。让我们一起努力！

郑毓煌

清华大学博导

营创学院院长

2018 年 7 月

扫码关注营创学院

打造优秀 B2B 企业销售力的五大要务

有这么一群人，身穿西装，一直保持露齿笑容，但是看上去却有些假惺惺的。比如房产中介、汽车销售，或者到你办公室推销打印机墨盒的人。卖什么其实并不重要，这群人最典型的形象是总带点“虚假”的好意。

这就是大多数人心目中销售人员的形象，不招人喜欢，不受人待见。在很多传统的商业思维里，销售人员总是公司图腾柱最底层的员工，永远是公司选拔优秀人才或者提供升职机会时最后考虑的对象。

这是过去很多人对销售的一种刻板印象。事实上，这种想法是完全过时的，尤其是在本书重点关注的 B2B 现代化商业社会里。

没有销售，一切都不会发生：产品不会自动到达客户手里，客户需要的融资租赁也无法实现，也不会有任何咨询服务，“即时生产”（Just-in-Time）的供应链也无法连接各个关键流程，也没有人可以领到薪水。这一切，都只有在销售人员建立客户和公司的关系、成功完成自己的工作职责后，才有可能发生。

然而，销售人员的工作并不局限于此。

面对各种重任，比如设计和履行各种可以影响客户公司运营的产品和服务方案，然后回到自己公司协调各部门使得这一产品或服务方案顺利开发（从财务部门到市场营销部门再到新产品研发部门），现代化的B2B企业的销售部门必须发展并应用最重要的知识资本。今天，全球顶尖公司的销售人员都勇敢地踏入了复杂和充满风险的市场领域，并在让客户和自己公司共同获益的价值主张（value proposition）中注入他们的知识资本。

因为身上肩负着对客户关系的责任，销售人员必须身兼公司道德方向标的监护人。对于销售人员来说，当务之急就是要保证企业以合乎行业道德的方式满足客户的需求。

看看今天最受人欣赏的企业家和企业，你会看到这些品质在这些企业和企业家身上得到了淋漓尽致的体现。很多白手起家的优秀企业家都是从销售起家，包括沃尔玛公司创始人山姆·沃尔顿（Samuel M. Walton）、IBM（国际商业机器公司）公司创始人托马斯·沃森（Thomas J. Watson）、松下公司创始人松下幸之助、前亚洲首富李嘉诚、京东公司创始人刘强东等。同样，在越来越多的公司里，要想成为企业领袖，都需要经历在销售部门的轮岗，以在销售部门的优秀表现作为基本要求。那些曾经在销售领域叱咤风云的优秀人才已经越来越多地成为各个公司的总裁、CEO、董事会成员，包括被称为“可口可乐之父”的可口可乐公司第二任董事长兼总经理罗伯特·伍德鲁夫（Robert W. Woodruff）、思科公司董事会主席兼 CEO 约翰·钱伯斯（John Chambers）、甲骨文公司 CEO（惠普公司的前董事会主席兼 CEO）马克·赫德（Mark Hurd）、强生公司的董事会主席兼 CEO 威廉·威尔顿（William C. Weldon）、格力集团董事长董明珠、美的集团董事长方洪波等。1923 年，罗伯特·伍德鲁夫当上了可口可乐公司的第二任董事长兼总经理后，常对人说这样一句口头禅：“我就是一个推销员。”

众多企业领袖曾经从事销售工作不仅说明了销售工作的重要性，更重要的是，这也产生了一个新的真正以客户为驱动力的商业模式。

毫无疑问，今天最成功的企业无一不是以客户为驱动力的，其销售部门需要和市场营销部门、产品研发部门以及企业的其他部门共同识别客户需求，制订并呈现解决方案来满足客户需求。

这种演变并非一时的潮流或者一阵风。你可以观察一下，过去、现在以及将来都一直活跃在行业内的领袖级企业，它们都很早就认识到销售部门的运行和任何其他关键业务部门一样，需要投入大量的知识资本和职业道德资本。

这就是我们写《销售为先》这本书的意义所在。我们调查了各种 B2B 企业，它们有各自复杂的产品、服务和销售过程（你会吃惊地发现我们的调查范围非常广，从那些传统行业比如家用产品，到非常前沿的行业比如信息技术和生物技术），随后，我们问了自己如下问题：

- 哪些企业不管是在经济繁荣还是在经济萧条的情况下，一直都是商业赢家？
- 哪些企业是行业领袖，并值得行业内其他企业效仿？
- 哪些企业能够可靠地把有机复合增长率、收入增长及利润率结合起来？
- 最重要的是：以上这些企业在组织、文化以及公司运行方面有什么共同点？

带着这些问题，我们开始一一采访那些行业内领先企业的销售高管们。通过与他们坦诚和深度的交谈，这些高管给了我们很多数字背后的故事。然后我们又进一步做了定性和定量分析，包括分析持续市场占有率、收入和利润率，并继续跟进采访。下面就是我们采访的公司名单（按照英文字母顺序排名）：思科（Cisco）、联邦快递（FedEx）、健赞（Genzyme）、惠普（Hewlett-Packard）、霍尼韦尔（Honeywell）、强生（Johnson & Johnson）、江森自控（Johnson Controls）、万事达信用卡（MasterCard）、甲骨文（Oracle）、必能宝（Pitney Bowes）、SAP Business Objects（思爱普商务智能产品公司）、索尼电子（Sony Electronics）、汤森路透（Thomson Reuters Legal）、惠而浦（Whirlpool）、施乐（Xerox）。我们坚信从这些企业获得的销售经验将会是巨大的智慧宝藏。

这些企业非常擅长销售的运行，比如招聘和培训优秀销售人才，让报酬和销售表现挂钩，细分客户类型，管理重要客户，以及在不同销售渠道分配资源，等等。我们在这些领域挖掘了它们百里挑一的经验和宝藏。

但是这些还不够，这些企业能够保持长期成功背后还有更多的原因。虽然它们在行业特点和具体销售方式上大相径庭，但是通过比较，例如强生公司和甲骨文公司的 CEO 对公司的看法，就会发现所有顶尖的企业都有着惊人一致的原则和特点。这些原则和特点才是使这些全球优秀企业鹤立鸡群的最重要的元素。

这就是销售力。通常真正以客户为驱动力的优秀 B2B 企业都在如下 5 个方面表现突出。

前线领导。在顶尖的销售组织里，销售主管都是以身作则，冲在销售第一线，亲自指导员工并参与销售。

关怀下属，充分授权。要为股东服务，必须更好地为客户、员工和社区服务。顶尖的销售组织通过关怀下属，并对销售团队充分授权，帮助销售团队做出优秀的业绩。

提升销售的科学性与客户关系的艺术性。顶尖的销售组织都会积极地磨炼和扩大知识资本，发展科学的销售方式，同时保持客户关系的艺术性，把传统和现代有机结合起来。

敢于试错。伟大的销售组织拥抱变革。它们经常尝试去改善已有的方法并创造新的方式。正是因为这个目标，它们愿意忍受甚至鼓励“犯错”。所有的试错都在透明开放的氛围里开展，而且第一时间识别试错的结果，并学习其背后的意义——不管是正面的、负面的，还是没有差异的。很多销售领袖都持有这样的观点：所有的员工都必须有“犯错的自由”，要想在未来取得成功，就要敢于试错。他们一直在质疑企业的商业模式，从不自满；与此同时，不停地创新和改变游戏规则。

在销售中践行使命。伟大的销售组织总是有更大的使命感，甚至说是崇高的使命感也毫不夸张，因为那是超越企业收入和利润目标的使命。作为企业和客户之间的桥梁，任何一个企业的销售部门都是企业职业道德和创造客户价值的最重要的守护者。当然，薪酬上的回报是一种鼓励销售部门及其员工的自然驱动力，这和任何商业并无不同。但是我们所采访的各行各业的企业领袖们都同意这样一个观点：优秀的销售人员绝不仅仅是一部投币式自动售货机，他们需要一个更伟大的使命以得到鼓舞和激励。

这就是打造优秀 B2B 企业销售力的五大要务。在之后的各个章节里，我们会详细讨论这五大要务。它们之间最大的共同点是所要求的知识资本越来越重要。总之，优秀的销售组织都是在这五个方面一起利用其知识资本，而且这五个方面很自然地互相交叉和联系。

在日常生活中，任何一个销售活动都会涉及多个销售问题。比如，当我们考虑领导力这个特定的话题时，就会谈到销售领袖有责任指导下属（见第一章“前线领导”）。当我们谈论招聘和培训环节时，也会谈到销售领袖的导师身份（见第二章“关怀下属，充分授权”）。虽然为了表达清楚，我们把打造优秀 B2B 企业销售力的这五大要务分成不同的章节去讨论，但是事实上这 5 个方面之间是紧密关联的，打造优秀 B2B 企业销售力需要整体合作。本书所采访的这些企业，它们都不仅仅在某一个方面表现出色，而是在这 5 个方面都保持高水平。

正是通过以上 5 个方面的出色表现，优秀的销售组织才能在几乎全球每个行业都供大于求的局面下实现成功。当它们的竞争对手无法使自己公司的产品实现差异化的时候，这些优秀的企业却轻而易举地做到了。

总而言之，本书中提到的优秀企业都在本质上有能力驱动并激励其销售人员。如果你的企业没有以下能力，就别指望你的企业能够有足够强大的销售力。

- **前线领导**——通过以身作则激励手下的领导力；
- **关怀下属，充分授权**——清楚表达公司目标并帮助大家完成目标的管理方式；
- **提升销售的科学性与客户关系的艺术性**——捕捉知识资本并产生有价值的客户关系的基础；
- **敢于试错**——为了产生新的灵感，由底层自下而上产生的创新精神和敢于承认错误的勇气；
- **在销售中践行使命**——给予销售代表除了奖金和提成以外的更大使命感。

以上便是能吸引、激励、驱动并留住那些优秀销售人员的重要因素，从而使得企业成为有别于一般企业的顶尖公司。通过在以上 5 个方面的优秀表现，这些顶尖企业建立了以客户为驱动力的销售模式，能持续实现业绩指标，保持竞争力，并且有别于大多数产品和项目。这种销售竞争力难以复制，也就是说，以客户为驱动力的销售组织有着巨大的竞争优势。

在本书里，你找不到可以适用于所有企业的发展蓝图、销售方式或者市场策略等万能药，但是你会发现，伟大的B2B企业以及它们的领袖之所以成功，是有共同原因的。

我们采访的企业高管都深谙这个道理：客户的满意度和忠诚度不仅来自企业提供的产品和服务，而且来自企业的销售部门。他们知道销售部门是把市场营销部门对客户需求的理解和财务部门对利润方程式的理解连接起来的关键。这些顶尖企业的销售部门率先开始了一种新的“销售+”模式，把竞争对手远远地甩在后面。

这些顶尖公司的销售部门由此赢得了在企业内部进行关键商业决策的一席之地。正如销售主管已经是越来越多CEO的必经之路，很多顶尖的公司也把销售部门对客户需求的理解融合在企业的市场营销战略、产品研发以及其他流程里。

还有一点值得大家关注，就是以客户为驱动力的公司处理销售部门和市场营销部门关系的方法。传统的商业等级排序是：市场营销部门是出点子的“大脑”，而销售部门则只是跑腿的。根据这个传统观点，市场营销部门是制定策略、细分客户和设计市场方案的主体，而销售部门只是负责执行来自市场部门的指示。

但是以客户为驱动力的优秀公司不是这样的。在这些公司内部，市场营销部门和销售部门是平等的合作伙伴。它们群策群力，共同完成战略制定、市场细分以及客户方案等工作。

当然，市场营销部门和销售部门各有自己的专属功能。市场部门通常以自上而下、鹰眼俯瞰的视角面对各种机会和挑战。而销售部门是自下而上，它的手里有客户需求以及解决方案。这两个视角之间不可避免地存在互相推动和阻碍的力量。但是优秀的公司总是能使之健康地互动，让市场营销部门和销售部门“交叉授粉”。

在我们采访的这些顶尖企业，传统意义上的市场营销部门高于销售部门的等级制早已让位于流动性的自由的平等状态，即根据不同的情况，决定由市场部抑或销售部来引领大局。客户需求和竞争压力决定了两个部门需要互相尊重，紧密合作，共同对商业战略的制定和执行担负起责任。

在接下来的各个章节，你会看到我们采访的多家优秀 B2B 企业及其领袖人物所共同拥有的理念。这些理念在很多不同情况下都可以灵活地运用，甚至是在公司起死回生的重大转型期——从维持并扩展市场领先优势，到开发新市场，再到采用新型的商业和销售模式。

有些时候，甚至整个经济都面临着转型。例如，2007 年出现并持续数年的全球经济危机威胁到各家企业、各个投资者甚至整个社会。原因很简单，因为受到短期利润增长的驱动，次级房贷和衍生产品市场的那些企业完全不考虑客户、员工和社会的长期需求。现在看来，这种不考虑客户、员工及社会长期需求的“纸牌屋”企业的全面倒塌，只是时间早晚的问题。

在本书中，我们采访并提及的企业都不遗余力地把客户、员工和社会作为企业关注的第一要素。所以在我们看来，它们能够如此持久地成为行业内最有影响力并最赚钱的公司，绝对不是一个巧合。因此，它们也能比其他竞争对手更好地经受住经济的起起落落。

我们坚信，不管是一线销售代表还是电话销售代表，不管是中层销售经理还是高级销售主管，抑或是管理整个公司的企业家、CEO等，这本书都能帮助他们更好地理解销售部门对于企业的核心角色和重要价值，帮助他们深入理解怎样用优秀的销售部门来实现更好的商业价值，并从中受益。这本书对于那些在企业其他部门工作的高管和员工也有很大价值，只要你的工作需要跟销售部门发生联系。

接下来，就让我们来认真学习这些优秀的B2B企业是如何打造销售力，把公司的商业战略、组织结构、员工表现等方面的管理结合起来，并在激烈的市场挑战中去领先竞争对手的。

让我们一起开启“打造不可复制的销售竞争力”学习之旅。

《 第一章 》

前线领导

要打造一个出色的销售部门，首先得有出色的销售领导人。在这一章中，我们就来探索一下优秀销售组织的领导是如何产生的：

- 身在前线，花大量时间在前线观察、检查、教学、指导并亲自销售。
- 以身作则，并与整个销售团队以及公司其他部门合作。
- 在整个组织培养领导力，保证从一线销售到高管各层级之间信息的有效传递。
- 打造出色的团队合作。
- 培养销售人员“像自己创业那样工作”的心态，主动创造和传递客户价值。
- 懂得倾听，通过公司和客户之间的双向沟通，获得市场洞察。
- 最快进入有风险且复杂的市场，并通过创新来创造和传递客户价值，率先建立销售模式和进行组织调整。

身在前线

我们接触过很多企业的高级总裁们，虽然各自表达方式和强调的重点不同，但都无一例外地同意销售管理者要经常从办公室走到销售前线，接触一线销售团队并亲自接触客户。甲骨文公司北美执行副总裁及销售负责人凯斯·布鲁克（Keith Block）曾经总结这种销售管理方式为“前线领导法”：“销售要做得好，有很多基本要素，比如好的产品和服务，优秀的销售模式和策略，出色的销售人才，适当的激励法则，恰当的行为举止，还有优秀的公司文化。但是，最重要的当然是优秀的领导力。你可以选择做一个冲在销售前线的指挥员，也可以做一个在后方指挥的老大。而我们永远选择冲在前线。”

仔细思考这个问题，我们会发现，但凡优秀的销售组织，都有这样一批领导人，不管是总部执行总裁还是地区销售经理，都是以身作则，并且和基层的一线销售人员展开密切的合作。当然，领导人以身作则并不意味着权责不分，相反，他们下达的命令更需要实打实地严格执行。那么，为何他们必须要以身作则，并和下属紧密合作呢？这其实是一种知识资本，一种在血腥的销售战争中胜出的不二法则。

在如今的 B2B 市场，销售代表需要以更快的方式整合资源，给客户制订有价值的销售方案。而且，这些销售方案必须要满足客户和公司的双重利益。所谓的资源，包括商业智慧、内部影响力、高级总裁们的客户关系、销售团队和相关部门的业务知识，以及多样的产品和服务等。因此，这种前方冲锋的销售方式，可以极大地促进公司和客户关系的黏度。直接获得客户的反馈，不仅可以帮助公司为其量身定做解决方案，而且可以大大促进公司的新产品开发。

更重要的是，销售领导人亲自在市场前沿冲锋作战，这种管理方法很好地解释了最优秀的销售组织为何能从容地应对市场的复杂性和风险性，灵活创造新颖的服务方式以满足客户需要并改变整个市场。

除了更好地渗透新兴市场，销售领导人还能够在产品开发和客户关系管理方面做到一般的销售人员或其他高管人员做不到的一点，那就是让公司对某些目标客户进行更长期的投资。这种能力其实也正是我们鼓励销售领导人身在前线的原因之一。当然，他们同时也要赋权给手下各级销售人员，使之能够更主动地投入资源并实现客户的最大价值。有趣的是，这种赋权，其实也需要销售领导人深入前线，去鼓励，去指导，才能促成他们想要的最优效果。

从优秀企业的身上，我们发现了它们惊人的相似之处，那就是销售领袖是如何身在前线，以及整个公司是如何鼓励这种价值观和行为的。我们从其身上学到的这一课，不管是在野蛮生长的行业，还是需要支持和培育的行业，都被证明是行之有效的。

以身作则

以甲骨文公司为例，它的销售团队过去给人的印象就如投币式自动售货机那样，对客户的感受漠不关心。

然而，近年来，甲骨文公司的销售部门发生了巨大的变化，已经没有人记得他们的“自动售货机”形象了。最近几年甲骨文公司的销售迅速增长，正是因为其销售部门在创造和传递客户价值的过程中已经成为世界一流，不论是售前、售中还是售后。

凯斯·布鲁克告诉我们，企业的高级销售管理人员要改变传统观点，学会深入销售第一线去观察、检查、教学、指导并亲自销售，从而进一步改变客户和公司的关系。

当然，甲骨文和任何一家大公司一样，都可能会犯错，也会遇到问题。凯斯·布鲁克坦承，甲骨文公司曾经有不少错误的观点：“我们过去一直认为，甲骨文只要负责制造产品，销售出去，就完事了，并不需要客户的反馈。20 世纪 90 年代，甲骨文的产品不错，我们的销售业绩看起来也非常好。可是，当时如果你去调查客户对甲骨文的看法，他们的评价就不那么乐观了。现在，甲骨文已经完全不同了，和客户的关系非常紧密。如果你再去做个调查，结果会和以前的大相径庭。”

从那时起，甲骨文公司着手培养有领导力的销售团队，并因此获得了来自顾客的信任和忠诚。甲骨文过去一直是以竞争对手为目标（思爱普公司是其一直瞄准的对象），但是最近几年，它已经从以竞争对手为目标进化到以客户需求为宗旨。凯斯·布鲁克上任以来传递的第一条信息就是“一切以客户关系、解决方案和服务质量为终极目标，进而与客户建立长期的合作关系”。时至今日，这依然是甲骨文公司的金科玉律。

以此为标准，甲骨文着力培养另一种类型的销售代表：以客户为目标，更体恤客户，更能感同身受地体会客户的困难和需求，做到在任何情况下，不以牺牲客户利益为代价。

这种改变可能是颠覆性的。但要想实现这一目标，甲骨文公司的销售管理方式也需发生变化，从总部高层到区域经理都需要改变。如果没有及时到位的培训和指导，一个新的销售模式是不可能自发产生的。

在甲骨文公司内部，凯斯·布鲁克自上而下地推动销售文化的改变：“我看到好多销售管理人员长年驻扎在公司里，这样可不行，他们必须到销售前线去，我希望他们能够身在第一线，这样才能亲身观察并对手下的销售人员给予指导。要想做一个优秀的销售领导，首先要教会手下如何销售。这个工作其实跟教书是一样的。现在在甲骨文公司里再逛一圈，已经看不到销售高管了，他们都和销售代表一起与客户打交道，那儿才是他们应该待的地方。”

销售领袖需要身在第一线的一个主要原因是便于评估销售代表的业绩表现和工作效率。甲骨文公司一直非常关注销售代表的业绩表现，而且每一季度都有区域性评估，实行“检查，检查，再检查”的原则。

但是，数字有时也非常具有欺骗性。凯斯·布鲁克解释道：“你看一个销售代表的业绩，发现他的业绩每年翻番，不由惊叹于他的表现，认为他是不可或缺的人才。但是，那可能并非故事的全部。他可能在业绩上实现了翻番，但与此同时，他粗暴的销售方式可能得罪了他接触的所有客户。”

当然，这并非说，在甲骨文公司，业绩指标就不重要了。甲骨文公司的文化是“关于业绩增长率”的文化。在甲骨文公司，竞争性和压力非常大，以至于你无暇为上一个季度的优异表现而沾沾自喜，因为你得想着下一个季度该如何主动出击，更上一层楼。所以在甲骨文公司，你永远需要加速赛跑。

此外，甲骨文公司的销售部门现在正变得越来越人性化。以前，如果你没有完成季度销售目标，就会被辞退。但是现在，甲骨文公司会看得更长远，开始善待销售人员。这是甲骨文公司打造销售力的一个非常积极的转变。

这种身在前线和以身作则的方式使甲骨文公司产生了巨变，不管是普通岗位的员工还是专业销售人员。甲骨文公司开始培养优秀销售人员，然后在以客户为驱动力的销售模式里确定他们各自的角色。关于这一点，我们会继续在本书的后续章节里进一步探讨。

让我们再来看看还有哪些公司和甲骨文公司一样，倡导前线领导。比如，甲骨文公司的死对头思爱普也非常认同销售高管们需要前线领导。思爱普旗下的 SAP Business Objects 公司的销售和营销高级副总裁兼总经理格雷格·罗登（Greg Lorden）告诉我们："销售领导必须尽可能多地泡在前线，因为我们的工作就是和客户及手下在一起，这就是以身作则。如果你自己做不到或者不愿意去做，又如何能够让手下去做？"

除了格雷格·罗登之外，我们采访的其他很多公司的销售领袖也都表达了相同的观点：要打造企业的销售力，销售高管首先就要身在前线，以身作则。关于这一点，万事达信用卡公司全球执行副总裁格雷·弗拉德（Gary Flood）也认为，"好的销售习惯是自上而下的"。

事实上，几乎我们采访的所有优秀企业的销售高管们都同样强调这一点。在霍尼韦尔建筑工程解决方案（Honeywell Building Solutions）公司，公司转型也是从销售领导的改变开始，然后自上而下进行的。一个在电信公司工作的销售领导人告诉我们，重要的销售战略和销售模式的变化只有自上而下，才会成功。因为如果不这样，想要实现的结果就会因为企业其他互相冲突的事情和安排而无法实现。

多位销售领袖都提到任何企业的 CEO 都应该给予本公司销售部门真正的支持与尊重。思科、健赞、惠而浦和施乐等公司的高层在采访中都指出，在选择公司 CEO 时会考虑备选人的销售热情和销售背景。

例如，世界知名的思科公司 CEO 约翰·钱伯斯就有过当销售员的经历，这使得他一直都注意每个客户的感受。约翰·钱伯斯极其推崇思科最核心的价值观——像偏执狂一样关注并满足客户需求。当约翰·钱伯斯1991年加入思科时，思科的年销售额仅7000万美元，旗下仅有300名雇员。而到2000年时，思科年销售额已经高达180亿美元，雇员31000人。

类似地，在健赞公司任职长达25年的CEO亨利·特米尔（Henri Termeer）在MBA毕业后就加入了医疗行业，他年轻时曾经担任百特医疗（Baxter International）的销售和市场经理。惠而浦公司现任董事长兼CEO杰夫·费蒂格（Jeff Fettig）以及他的前任CEO戴夫·惠特万（Dave Whitwam），都从事过销售和市场部门的工作。21世纪初领导施乐公司大转型的CEO安妮·马尔卡希（Anne Mulcahy）也曾经担任过销售高管，而且她并非施乐公司内部第一个由销售领导转型为公司CEO的人。当时，如果没有整个施乐公司对销售部门的重视，这种转型成功是不可能发生的。在中国，很多优秀企业家也是从销售起家：亚洲首富李嘉诚、京东创始人刘强东、格力集团董事长董明珠、美的集团董事长方洪波等。

在对这些销售高管的采访中，我们发现没有其他主题能比前线领导引发更多的认同感，所有的销售高管都同意要身在前线和以身作则。正如索尼电子高级副总裁肯·史蒂文斯（Ken Stevens）说的那样，管理层和销售代表其实做的是同一个工作，而且不要用头衔来混淆领导力，因为光有头衔还谈不上领导力。

在最成功的销售组织里，销售高管总是活跃在第一线，不停地和自己的员工以及客户互动。他们总是率先去测试公司新的产品和新的市场定位，并坚持从销售代表和客户口中直接听到反馈。

基于此，我们忠告所有企业的销售部门甚至最高管理者：如果销售高管不愿意以身作则、亲力亲为，而是照本宣科、纸上谈兵，那么失败将在所难免。

正如我们从甲骨文公司听到的和看到的，销售领导必须深入前线，看到业绩数字背后的故事。一个在跨国公司总部工作的销售高管透露说："真相可不是从几个数字就能获得，否则你很容易犯错。要想做出更好的决策，你需要与不同地区的销售代表见面，亲自询问想要了解的信息，然后结合业绩数据的分析做决策。这才是最保险的。"

除了能提供深入的市场洞察，实地探访也能很好地鼓舞团队士气和团队精神。健赞租赁公司的销售高管丹·里根（Dan Regan）说，销售高管还应该和销售团队保持工作以外的个人联系，并且随着公司收入和利润的增长，这种工作以外的个人关系也应该更加深入。"当时我们健赞租赁的销售部门只有 38 个人，但是所有销售代表都认识我，都直呼我的名字。原因很简单，因为我长期泡在第一线，而不是坐在总部办公室里。"

跟很多商业领域一样，软实力也有"硬"的一面，反之亦然。思科公司全球运营执行副总裁罗博·劳埃德（Rob Lloyd）和很多其他公司接受采访的销售高管都明确指出，与销售代表以及客户进行工作以外的个人联系，有助于识别哪些是可以在公司内部大范围推广和施行的最佳策略。

有趣的是，一个销售高管的出差里程数就足以说明一切。健赞公司的销售高管乔·布雷南（Joe Brennan）告诉我们，“去年一年我就有48周在路上”。这是我们采访中听到的最高出差时长，但是其他被采访的销售高管也有较为接近的数字。毋庸置疑，经常出差十分辛苦，更不用说会对家庭生活和私人生活产生一定影响。

罗博·劳埃德也告诉我们：“出差是建立和发展客户关系最好的方式，但并非维护客户关系的最有效方式。”正因为如此，思科公司已经在慢慢改用“电子化”的方式来维护客户关系。而这正好也让思科公司发现了大量企业对于维护客户关系的需求，并由此在路由器、转换器等核心网络产品之外，开发出了一条新产品线。通过公司总部和世界各地分公司的远程会议，罗博和其他销售领导希望把时间加倍用在和客户及销售代表的交互上。同时，这样还可以减少出差时间，增加家庭团聚时间。

类似地，甲骨文、惠普、思爱普等公司也都在使用远程会议来配合面对面交流的方式，与客户及销售代表交互。当然，近年来火速发展的脸书和推特等社交网络平台（以及中国的微信、微博等）对此也起到了重要的帮助。但是，智能沟通的远程会议无法替代前线领导。罗博告诉我们，他和同事都主张有选择性地出差去实地考察，因为其商业价值和意义无法被远程会议替代。

凯斯·布鲁克进一步强调，深入销售第一线，能够更好地传递客户关系、解决方案、服务质量等公司销售理念。不管对于公司入门级的产品还是最复杂的高级技术和应用解决方案，这个理念都是甲骨文公司的不二法则和利润增长点。销售代表知道，每一次销售行为的完成，都是在帮客户解决一个问题，而且你的思路必须是逆向的。如果能够逆向思考问题，就能为客户做最好的设计方案。而要想保持和稳固这种理念，销售领袖就要继续保持“身在前线”、“以身作则”、“诚信待人”以及“值得信赖”的作风和品格。

像自己创业那样工作

越是表现不佳的销售组织，越喜欢把失败的原因归咎于外界不可控因素。凯斯·布鲁克说：“你经常听到各种各样的说辞，例如这个项目不成功是研发部门、市场营销部门或是其他部门的问题。我无法忍受这一点。如果这单销售你没有完成，这就是你自己的问题，跟其他人没有任何关系。”

在如今激烈的市场竞争中，光有好的产品和服务还不足以获取客户的绝对信赖和忠诚。我们在与销售高管们的交谈中，多次听到类似的观点——长期而言，真正区分各个公司的关键不是其产品或者价格，而是公司与客户之间的关系。

销售部门作为公司的一部分，当然需要依赖其他部门的合作。比如，需要市场营销部门来做推广工作，需要生产部门生产合格的产品，然后剩下的任务就交给销售部门了，因为只有销售人员与客户同在。

凯斯·布鲁克说：“销售领导必须贯穿整个销售活动。很难想象作为一个销售领导，却没有冲在前线的思想，因为销售领导才是那个做判断的人，才是那个被信赖的人。所以要像创业那样去工作。想想如果你在胡同口开了一间小杂货店，你会怎样在残酷的竞争中生存下来呢？如果你每天能这么想，你就一定能做成大事，因为这靠的是强大的意志。”

这种理念最重要的体现就是能够驱使企业在销售模式、内部流程和客户关系管理等方面进一步有效地创新。我们采访的很多销售领袖都十分认同这一点，因为企业需要持续进步和变革，因而需要不断地实验创新，才能跟上市场的变化，甚至更好地预测市场将发生的改变。

像创业那样去工作，这种想法不仅促使销售领袖要下基层去观察和指导销售代表，更重要的，他们要亲力亲为。我们在前面就提到，很多顶尖企业的高管都同意优秀的销售习惯要自上而下地渗透。越是公司高层，越是需要做全员销售的示范。这么做可以帮助客户克服不愿冒险的心态，取得他们的信任。

凯斯·布鲁克举例说：“客户正变得越来越不愿冒险。他们往往根据产品价值和信任程度购买。我这周走访了好多国家的大客户，很多客户代表问我的第一个问题就是，‘我知道你们公司的软件产品非常适合我们，但是请告诉我，这如何能帮助我们取得成功？而且我们担心的是，是否你们会在销售活动结束后就消失不见了。’其中一个客户在很偏远的国家，飞到那儿需要绕地球大半圈。它的团队做得非常好，而且发展势头也非常猛。过去三个月里，我亲自去了这家公司两次以表达我们的诚意。我们公司应用开发部门的总监也跟着去了。只有这样，我们才能很好地安排计划并推进我们的合作。亲自上门可是影响深远啊！”

这个例子证明了，在如今的全球经济中，由于产品和服务的同质化，客户在选择供应商时余地非常大，所以起到决定性作用的往往就是公司的销售人员，是他们的说服促成了一单单交易。从高级销售经理到基层销售代表，都要灌输“像创业般工作”的理念，培养领导力和主动性，这也是甲骨文公司能创造如此显著业绩的原因。

凯斯·布鲁克用坚定的口吻说：“如果你光是纹丝不动地坐着，然后说，这个工作不属于我的范围，那也不是我负责的，那么整个销售部门就完蛋了，公司也完蛋了，同时客户会叫苦连天。”

要把销售经理们赶到销售第一线去，以身作则，花大量时间去指导手下的销售代表，尤其在销售行为发生的时候，观察销售代表如何与客户进行电话沟通，这是极其重要的。销售领袖应当允许、鼓励甚至强制要求销售代表展现他们的主动性和领导力。

在健赞公司的销售部门，有一个销售代表的销售业绩比别人高出4倍。那么，这个销售代表是如何表现自己的领导力的呢？他在与整个销售团队分享时说：“你不应该等你的经理来告诉你工作做得好不好，你要学会自己成为自己的老师。”

汤森路透法律事业部总经理、副总裁迈克尔·奥里克（Michael Orrick）说，他们一直提倡“承包者理念”，销售人员要各负其责，包括对客户、股东和其他利益相关方。

索尼电子高级副总裁肯·史蒂文斯总是这样告诉他的销售团队："不要让销售预算或者来自总部的压力影响销售工作的进程。一切就是为了更好的销售，其他的事情都有办法解决。但是你得自己负责你的案子，整理好资料，算清楚利润和回报，再告诉我你的计划，我一定会想办法配合。"

权力共享

思科公司全球运营执行副总裁罗博·劳埃德告诉我们，思科已从一家下达命令给员工并控制员工的公司，转变成为通过合作达到卓越的公司。事实上，我们采访的这些优秀销售组织都是这样做的，只是程度不同而已。

权力共享并不是权责模糊，导致无法做决策。我们提及的这些优秀企业都有清晰有效的管理结构。但是随着现代经济中销售角色的变化，如果每一步都要自上而下地下达命令，销售活动就会非常棘手。所以，每个销售人员及销售团队要灵活应对，随时对客户需求做出反应。与此同时，销售部门内部要紧密协作。对于销售负责人来说，他们要不断培养手下员工的主动性，同时还要结合团队合作的方式。

在甲骨文公司，北美执行副总裁凯斯·布鲁克和他的管理团队曾经进行了大刀阔斧的改革，其中一项就是销售身份的专业化。甲骨文公司废除了非专业化的普通客户经理，所有销售人员要么负责销售软件应用，要么负责销售技术方案，要么负责销售硬件设备。

销售角色的逐渐专业化对很多行业（如果不是所有行业的话）都有很明显的影响。销售部门的应对方式也是多种多样的。有一些公司，如甲骨文公司，很激进地废除了普通客户经理这种职位；另外一些公司则既有普通客户经理，也有专业化销售。

对于今天的销售组织而言，很难简单地说普通客户经理和专业销售哪一个更有效。在这里，我们讨论的是甲骨文公司如何灵活地在大型复杂的项目上调整方法和策略，来确保销售人员之间的有效沟通以及培养能够在销售前线战斗的领导力。

那么，在同一客户项目中协调不同的专业销售，是否会有困难和问题？在甲骨文公司，一般情况下不会有问题，因为即使不同的销售部门共同处理同一个客户项目，仍然会有不同的分工。例如甲骨文公司的 CRM（客户关系管理）软件销售代表会与客户的销售、营销或呼叫中心等市场部门联系，其技术销售代表则与客户的数据中心或公司 CTO（首席技术官）联系，而 ERP（企业资源规划）软件销售代表则会与客户公司的 CFO（首席财务官）联系，等等。

但是如此多的销售代表的存在，确实对那些集中购买的大客户产生了困扰。为了解决这个问题，甲骨文公司曾经进行了一次实验：当时，有 6 个销售代表同时在跟进一个大客户的不同采购部门，最后甲骨文公司选出一个跟客户关系最好的代表，然后告诉他，“我们在所有人中选定你作为整场比赛的选手加教练，一切都由你说了算。”

最后的实验结果出人意料地好，甲骨文公司后来把这种“教练随机选定”的方式升级为正式的项目，以此来解决那些复杂的大规模采购的案子。它的客户依然会面对特定的一个客户销售代表，但是和以前的那些普通客户经理不同，他们是从专业型销售里面选定的。虽然没有在合同里面享有“客户经理”的头衔，但是会有额外的补偿，以奖励他们在销售活动中的协调工作。

其他优秀企业有不一样的方法和策略，但是甲骨文公司是步子迈得最大的，和以前传统的客户经理销售方式非常不同。甲骨文公司的“选手—教练”策略是根据客户情况有选择地使用。重要的是，它会下放所有的责任和权力，让选定的“教练”全权负责——这一点，和以前的传统客户经理很不一样。更重要的是，甲骨文公司希望它的销售代表训练自己以团队为主的精神，不管有没有这么一个“教练”人选。

甲骨文公司认为，如果每一个销售人员能够勇于承担、不推卸责任的话，大家就都会认可这样一种理念，即只有大家努力合作，才会实现销售目标。这不是关于具体某一个人的能力和表现，而是只有公司所有的人都努力，才会有甲骨文的今天。这种理念大大激发了甲骨文公司员工的团队精神。

有些人也许觉得这种团队精神和甲骨文公司提倡竞争的理念非常不符。对此，凯斯·布鲁克回应道：“甲骨文公司的企业文化确实提倡竞争，我们都想成功，我们都希望超越身边的人。但是甲骨文提倡团队至上的文化，这一点其实在其他销售组织里并不常见。我们这么做已经足以说明有一股强大的力量在推动我们追求更大的事业和更好的未来。”

我们发现，有着更伟大的事业追求与取得更优异的销售业绩是有密切关联的。甲骨文公司在实现公司更伟大的事业追求这条路上，永远把团队建设作为公司发展的重点，这也反映了在B2B的现代商业环境里，销售代表必须知道如何与更专业的销售人员共事以及与高级销售主管进行合作和沟通，并且要知道沟通的时间和方式都很重要。对于那些有跨国客户的企业而言，尤其要懂得与深谙当地文化的本土员工进行合作和沟通。

现代化的销售部门遇到的一个大挑战是，如何在提倡领导力的同时，鼓励大家展开合作，与整个销售部门融合并分享智慧。在实际销售活动中，和客户进行沟通的，很可能并非你或团队里的专家，而是来自另外一个小组甚至另外一个国家的销售代表。因此，还要让各地的销售代表或者当地的销售管理者认识到团队合作的重要性和必要性!

为了促进团队合作和其他相关目标，好几家优秀的销售组织都邀请基层销售代表来担任顾问委员会的工作。在世界范围内拥有200多万客户、《财富》500强之一的必能宝公司就是这样，它让基层销售代表和销售管理团队成员在完成本职工作的情况下，轮流去担任这一年的薪酬顾问委员会和市场顾问委员会职位。

必能宝公司这样做，就避免了传统上很多企业由坐在总部办公室里的人来制订营销计划或薪酬方案给整个销售团队带来的问题。现在，参与决策的人包括了很多身在销售第一线的同事，他们会根据自身及同事的情况帮助制订更加符合实际情况的计划与方案，并积极向他们的销售同事倡导整个计划与方案。所以销售代表在接受营销计划或薪酬方案时会容易很多。相反，如果你天天坐在总部办公室，拍脑袋做了一个计划，然后像钦差大臣那样从总部来到一线并高喊："我是总部来的，这个是我们的市场计划和薪酬方案。"你可以想象，这样的方案根本不会得到基层销售代表的强力拥护和执行！

必能宝公司这样做的另外一个好处是，可以解决公司不同部门之间的积怨，尤其是销售部门和市场营销部门。每个员工都被迫学会从别人的视角看问题。例如，销售代表通常会觉得零利率融资方案对公司所有产品的销售都有好处，但是当他透过不同视角观察，就会理解这在商业上是行不通的，零利率融资方案通常只有在库存高企的产品上才能使用。

除了必能宝公司，甲骨文、健赞、索尼等优秀企业也都邀请基层销售代表来担任总部顾问委员会的工作。在索尼公司，邀请基层销售代表来担任总部顾问委员会职务并享有决策权，已经成为一种很好的培养未来领袖的方式。索尼电子高级副总裁肯·史蒂文斯说："在销售过程中，一定要保持销售人员的战斗力，因为他们和客户的距离最近，他们非常清楚事情的进展，所以我们要赋予他们发号施令并做决定的权力。对于销售能力出众者，我们会积极培养他们，但并不急于把他们升迁到总部去。因为优秀的销售领袖应该待在一线，在离客户最近的地方，这是他们最好的服务岗位，可以短时间之内判断事态的发展。团队里的最佳选手必须在离客户最近的地方。"

在健赞公司，销售代表甚至被邀请参与原本只有管理层才有权参与的招聘环节，以帮助决策。健赞公司的销售高管乔·布雷南告诉我们："我们会有很多销售代表共同面试公司想要招聘的新员工，这样他们从一开始就有招聘优秀销售代表和指导销售代表新人的责任。通过管理权力下放，现有的销售人员就非常乐意帮助他们自己招聘进来的新员工成才。"

与此相关，健赞公司并不会控制第一线的销售人员如何做事。索尼公司的销售部门也在赋予销售代表决策的权力。肯·史蒂文斯说道："我们只是设置总体目标和方向，提出可能性方案。但是我们允许前线的销售代表有自己的执行方式和安排。"

在回答如何在公司内部培养有效的销售领导力和团队合作精神这个问题时，全球著名的新奇特产品零售商博斯通（Brookstone）总裁兼 CEO 罗恩·博伊尔（Ron Boire）提到一个新词，即"公仆型领导力"（public servant leadership）。在此之前，他还曾担任过全球最大的玩具零售连锁店玩具反斗城（Toys "R" Us）、全球最大的电器零售连锁店百思买（Best Buy）和索尼电子等多家公司的高管。

虽然没有其他被采访者提到过"公仆型领导力"这个词，但是在所有的采访中，同样的思想被不停地提及，即企业高管要为其下属服务。某跨国公司的销售负责人说："我们是在为销售代表和客户工作。我们公司在世界各地最成功的销售经理和高管们，除了有智慧、驱动力以及坚持公司的价值观，还都有一个重要的素质，那就是每天早上一睁眼，就开始考虑如何为自己手下的销售代表和客户服务。"

类似地，其他销售领袖也不停地提到，他们最重要的任务是去指导销售代表。甲骨文公司可能在大家心目中是铁汉形象，但是别忘了甲骨文公司北美执行副总裁凯斯·布鲁克的话："如果你想做个好的领导人，你得先学会如何做一个老师。因为你的主要任务是在教别人。"

这些销售领袖的评论传递了一个非常清楚的信息：通过合作的方式实现领导力不仅适用于销售部门，也适用于整个公司。凯斯·布鲁克告诉甲骨文公司的销售代表："如果你需要某些资源才能实现成功，请勇敢说出来。不要把头埋在沙堆里，然后把完不成业绩指标的责任推给别人。"

甲骨文公司的销售部门做得非常好的一件事是，如果需要从产品研发部门获取资源，销售人员不会说"产品研发部门不会提供给我们"，而是直接去找产品研发部门，说："为了客户，我们必须这么做。"

正因为如此，甲骨文公司的产品研发部门才能非常快地接收到市场需求信息，并做出及时回应。它的市场营销部门和支持部门也都是如此。甲骨文公司各个部门的共有思路是：一切为客户着想。每个部门都十分清楚，没有大家的合作，企业的成功就免谈。

"在甲骨文，我们不需要销售经理，我们要的是执行销售的人。"凯斯·布鲁克坚持认为，一个好的销售领导必须一边顾及销售业绩，一边要想着如何服务市场，让客户取得成功，并且代表公司的良好形象。

在说到甲骨文公司让数个销售在一个大客户总监的协调下同时与

一个客户联系这个问题时，凯斯·布鲁克认为，没有一个人能拥有整个客户关系。虽然销售部门的人员有着天然的责任来维护客户关系，但是责任不仅仅属于他们。相反，应由整个销售部门和甲骨文公司的其他部门一起来承担客户关系维护的责任和权力。

但这并不是说普通客户经理的身份已经过时。不管如何在专业分工上改革或重新定义未来的销售角色，我们采访的这些公司的销售领袖们都同意，今天的销售代表和销售经理应该在前线起到带头作用，并拥有相应的责任和权力。同理，现代化的销售组织应该把大小客户使用公司资源的过程简化，不管是销售部门还是市场部门，抑或是产品开发和供应链部门。

甲骨文公司提出“客户关系计划”（customer relationship plan）这一概念来解决客户关系维护问题。所谓“客户关系计划”，可以理解为客户和甲骨文公司之间的一张社会契约书。万事达信用卡公司采用了类似的模式，叫作“项目章程”（project charter）。甲骨文公司的客户关系维护计划记录了客户和甲骨文公司相应各部门高管为共同目标设定的日程表，而且清楚地定义了双方对彼此的期待。这份文件实时记录和更新，它决定了两家公司如何更好地合作。

凯斯·布鲁克补充道：“虽然在一开始，有一些小客户在刚刚接触我们公司时不知道如何和我们打交道，它们往往先向我们的销售部门寻求帮助。但是随着时间的推移，客户会开始跟我们公司的技术部门、研发部门以及市场营销部门都建立联系。所以当它们需要某些资源时，并不需要通过客户经理，而是可以直接跟合作的部门联系。目前来看，这样做的效果非常显著，对与多个销售代表同时接触的客户，也非常有帮助。因为这个计划为公司每一个部门参与客户关系制定了规则。”

无独有偶，由凯斯·布鲁克领导的销售业务也是跨部门运作的，比如来自甲骨文公司财务部和人力资源部的代表也会以合作的方式参与到销售部门的决策过程中，一起以公开的方式谈论销售策略、技巧和方法。

在今天的 B2B 市场，越来越多的企业通过合作的方式来领导员工（而不是命令和控制的方式），甚至在和客户的合作上也是如此。与 20 世纪 90 年代相比，那时的推销式产品销售不需要任何客户反馈和信息输入，而现在的甲骨文公司已经将培养忠诚客户纳入体制化管理，通过密切关注客户需求，使得客户在产品和服务上拥有相应的控制和决定权，真正做到了以客户需要为驱动力来开发产品和服务。

在甲骨文公司，一种可能的合作方式是通过销售部门和行业内顶尖的客户公司开展直接互动。甲骨文公司对这些客户投入很大，而这些客户在甲骨文公司身上投入也很多，不仅仅是从公司收入的层面，甲骨文还利用客户的专业技术来帮助它开发产品。

这种公司和客户有来有往的合作方式超越了具体的产品。以甲骨文公司的一家客户为例，因为这家公司在跟甲骨文的密切合作中获得了极大的好处，所以这家公司甚至在甲骨文的总部所在地组织了一场年度盛典，与 200 多个甲骨文的客户讨论甲骨文的产品、相互间的合作，以及甲骨文对客户关系的重视。

对于甲骨文公司而言，跟各行业内顶尖的公司合作，有着双重回报。第一，可以互相学习，实现双赢。这是甲骨文公司的产品能一直在 IT（信息技术）行业保持前沿优势地位的重要原因。甲骨文公司不仅通过产品为客户提供价值，获得了客户的生意和信任，同时客户也在帮助甲骨文公司创新，影响甲骨文公司的研发。这进一步增强了客户对甲骨文公司的信任。

第二，获得了“客户证言式销售”（customer testimony sales）的能力。因为甲骨文公司已经和各行业内的顶尖客户建立了关系，所以甲骨文公司就可以到更广阔的市场，然后说：“知道吗？你们行业前 10 名的公司都在和我们合作。”这种“客户证言式销售”的效果是很惊人的。

当甲骨文公司明确了一种新的客户群体或者产品类别为新的增长点，比如安全解决方案，它一开始总是会把精力集中在该行业最顶尖的公司身上。赢得顶尖客户的信任和背书非常重要，之后它的销售代表就可以跟别的客户说：“这么顶尖的公司已经找甲骨文做安全解决方案，你可以跟他们谈谈，看看我们甲骨文公司的表现如何。”这种说服客户的方式确实非常厉害。

让我们举一个例子来说明甲骨文公司如何加强和重要客户及潜在客户的互动。凯斯·布鲁克告诉我们，他刚刚结束了与一所世界一流大学副教务长和首席信息官的会议，这所大学不仅有着顶尖的计算机科学学院，还有本校自己研发的学生信息系统。在会谈中，这所大学一直在两种方案中摇摆，即该大学是应该直接从市场上购买某家公司的专业产品，还是依赖本校的资源以及开放的软件去管理学生信息？

归根结底，这其实是个风险问题，即客户担心甲骨文公司的产品太标准化了，无法适应这所大学的需求。于是，凯斯·布鲁克在会谈中提出了第三种可能性，即甲骨文公司先公布未来学生信息系统的计划，然后请该大学告诉甲骨文公司哪些部分最重要。

结果，这正是客户所期待的对话方式。客户希望知道，他们能否影响甲骨文公司的软件产品。如果答案是肯定的，他们就对控制风险有了十足的信心，并将从甲骨文公司的软件中得到回报。这样，接下来的销售实现起来就容易多了。

我们前面还提到过，凯斯·布鲁克去拜访过一个很偏远国家的客户。在那个项目里，销售成功最重要的要素同样是客户可以真正意义上与甲骨文公司共同开发未来很长一段时间内它需要的产品。客户是其行业内的领军企业，它愿意将公司的一些知识产权投入甲骨文公司的产品中。如果甲骨文公司没有世界顶级的产品开发部门，当然是不行的，但是如果甲骨文公司没有销售部门利用知识资本邀请客户作为共同合伙人，也不可能成功。客户认为购买甲骨文公司的应用产品是一个长远的决定，所以它们需要确保除了甲骨文公司能完成任务之外，最好在企业文化层面上，双方公司也是匹配的。

除了跟行业领先的客户公司做一对一的互动，甲骨文公司还邀请了很多客户代表参与甲骨文公司 400 多个行业顾问委员会。这些顾问委员会经常讨论产品的一般功能性需求和特殊行业需求。甲骨文公司给予参与者发言和投票的权力，以决定对客户和行业来说非常重要的事项，以及它们希望看到的软件更新。同样地，这些顾问委员会还给了甲骨文公司一个机会，让它能够知晓目前对客户来说最重要的是什么，并在初期阶段就能抓住新的行业趋势，并通过不同客户群体的推荐来扩展销售。

总的来说，前线领导要求大胆授权，不管是在本销售部门还是和客户之间。为了更有效地执行，在整个组织共享领导力，不仅需要严格招聘、选择、培训新员工，还需要有效的沟通方式。我们将在第二章详细讨论这一点。

沉默并不是金

在一般的销售部门，领导的沟通方式是下达命令和全权掌控式的，但这其实是最糟糕的。这种沟通方式是单向的：销售部门发起一个会议，宣布来自总部的内部通知。但是在优秀的销售组织，比如甲骨文公司，他们会采用不同的模式：伴随着各种正式或者非正式的与销售代表之间的交流，所有问题的拍板都经过了销售领袖和销售代表的双向沟通。

在甲骨文公司，每年在年初会议开始的时候，他们都有一句战斗口号，这句口号激励所有人更好地执行公司的长期计划，提供更好的客户关系、解决方案和服务质量。在年初会议之后，凯斯·布鲁克还会亲自主持至少一个销售部门的季度全体电话或视频会议（市场营销部门也会被邀请参加，但不是必须参加）。这种公司整体层面的交流方式在甲骨文公司特别常见，不仅为阶段性的目标提供了“基调和步骤”，同时也规定了接下来90天他们需要完成的任务。

在甲骨文公司，这样的季度性电话或视频全体会议每一次会持续一小时左右，在会议上会对整个销售部门、各个销售团队还有个体销售代表的工作进行表彰和认可。当然，有时候会议还包括“批评”环节，但是通常比较少见，除非当销售部门真的表现不佳的时候。

我们问凯斯·布鲁克他是否也会报喜不报忧，他说：“我有时候也会多谈谈好事，来美化一下，这个简单的办法很好用。但更重要的是，你得实事求是，如果真的发展很好，你就大力表扬。但是如果有些不足得克服，你也得强调。我的原则是，一旦问题解决，就不要再提它，大家也不必再担忧同样的问题。

“很幸运的是，在仅有的几次我对大家说我们搞砸了的时候，整个团队很快就反应过来了。例如前一阵，我发现季度业绩没有实现两位数的增长，这还是5年来的第一次。很显然，我们的销售目标没有执行到位。季度结束时，我在全体会议上告诉大家，‘你们知道吗，我们的销售目标没有执行到位，今后我们要盯紧这些重要的指标。’当时我很生气，所有开会的同事都知道我非常生气。然后我说，‘这不是我们甲骨文公司应该有的样子。我们不够努力，我们不能这样。我们是整个甲骨文公司的引擎，我们对客户有责任，我们可以做得更好。’到了第三季度，我们宣布了新的销售业绩。我第一时间在全体会议上说，任何人都别拿第二季度的失败说事了，那已经过去了。我们现在已经成功拿下业绩增长指标。我们第三季度的努力已经让我们回到应该有的位置了。大家当时的反应都很振奋。”

这个例子很好地说明了为什么凯斯·布鲁克是一位优秀的销售领袖：愿意处理棘手的问题，成为团队的依靠，目标性极强，积极解决问题，随时愿意指导手下如何做事，心中时刻保持销售部门的重大使命感。

在甲骨文公司，这种季度全体会议的好处是它非常直接和连贯。但是这仍然只是一种单向的沟通方式，需要其他方式的补充。更好的双向沟通方式需要进一步的倾听。因此，对于在前线领导这件事，凯斯·布鲁克和他的高级销售管理团队都努力融入销售部门，甚至以一对一或者以小组为单位，以一种轻松的方式，进行开放的对话，鼓励销售代表及其主管反映问题，并保证不会有任何事后的惩罚。

凯斯·布鲁克举例说：“如果我要出差到达拉斯与客户开会，我会安排一场开放的晚餐时间，和我团队里所有员工开一场圆桌会议。我们会一起用餐，然后随便聊聊销售问题。一开始，大家通常都不愿意开口，然后我就会说，‘沉默是毒药，如果你不说，我就不知道怎么帮你了。’这个时候，他们就会放松一点，开口说一些问题。通过这样的过程，我了解了很多真相。要知道，这些销售代表每天都在第一线和客户打交道，如果他们过得十分痛苦，生产力就会大大下降，所以你得倾听他们的声音。”

有些时候，销售代表们会经常因为家庭问题而无法参加这个圆桌聚餐。甲骨文公司虽然是一个“硬汉”公司，但是在照顾家庭这个问题上还是有非常温情的一面。

凯斯·布鲁克说道："甲骨文公司对销售代表的关怀是实实在在的，当然也不是完全无私的。这种关怀反过来对甲骨文公司的业务会有很大的帮助。我们的销售业绩数字很不错啊。我每天在看报表、数据分析等报告，所以很清楚各种销售渠道、季度增长、年度增长、产品分组等情况。这些对我来说都很自然，我可以很快告诉你数字。但是坦白讲，我做得最多的是和客户沟通，和一线的销售代表沟通。虽然有高科技帮助我们处理数字报告，但是我想感受业务活生生的脉搏跳动，所以我得出去，与我的客户和员工好好聊聊。"

其他优秀的销售组织的高层都同意这一点，如果不直接从销售代表和客户那里获取信息，部门发展是十分困难的。健赞公司建立销售和市场部门顾问委员会的一个目的就是想更好地倾听销售代表们的声音。"你不需要取悦那些销售代表，"健赞公司的销售高管乔·布雷南说道，"但是你必须倾听他们，这样才能让销售部门运行良好，业绩优秀。"同样，思科公司全球运营执行副总裁罗博·劳埃德也告诉我们，养成一种倾听的企业文化，可以带来很多积极的变化。当然，这种倾听需要公开交流，同时没有任何人会因为提出棘手的问题而受到惩罚。

在索尼电子，关于高级销售主管到销售前线去访问以及与销售代表见面，公司有非常正式的流程。这种会面最重要的就是高级销售主管要通过和一线销售代表拉近距离来提升管理水平。肯·史蒂文斯告诉我们："当我去一线销售办公室随便逛逛时，我花了很长时间坐在那里和大家聊天。可能聊的内容和工作无关，比如热门新闻或者体育赛事，但是这很重要，因为他们会觉得上级领导没有那么遥远了，都是同样的人，做的是同样的工作。而在大家放松的状态下，我就可以获得很多信息。他们会告诉我有哪些不明白的地方。然后我会给他们建议告诉他们应该怎么办，或者找谁寻求帮助。或者我会说，‘让我回去仔细想想，帮你找一个解决方案。’”

为了促进销售主管能够倾听第一线销售代表的声音，并鼓励销售代表之间的沟通以促进合作，索尼在公司内部建立了一个博客系统，要求所有高层管理人员必须登录博客并且认真阅读。肯·史蒂文斯解释说：“大家都注意到，第一，每个人可以用自己喜欢的方式交流和沟通，而不一定按照我喜欢的方式。这不是来自我办公室的内部通知。第二，大家都知道我会认真阅读博客内容，我的管理团队也会这么做，每个销售代表如果遇到问题，会从我们高层管理团队获得回答，也会从其他销售代表同事那里获得回答。所以在索尼，倾听一线销售人员的声音，并非随口一提，而是真正做到了。”

作为索尼电子的高级副总裁，肯·史蒂文斯每年都会安排两次和那些刚出大学校门的前线销售代表的碰面，这些销售代表帮助各地的零售商店进行产品展示，也帮助零售商培训员工如何与客户进行交互。在这样的座谈会上，肯·史蒂文斯自己往往只讲10分钟，然后把剩下的90分钟全部用于和这些一线销售代表进行问答。他说：“这些团队的年轻人是非常勇敢的，他们每天面对不同的零售商和消费者，他们提出的疑问往往是大家共同面临的问题。我从这样的会议中获得的回报也许和参加会议的一线销售员一样多。每年只要开两次座谈会，我就能知道我们公司的总体运行情况了。”

对于索尼公司来说，这种经营方式其实与公司创始人、被誉为“经营之圣”的盛田昭夫（Akio Morita）的核心思想完全一致。盛田昭夫曾经说：“智慧并不只在高层管理者手里。”肯·史蒂文斯也说：“智慧并非只是来自总部。我们必须保持一线销售的实力和竞争力，因为总部不能解决所有问题。”

正如我们采访的所有销售领袖们都同样强调领导力和倾听一线声音的能力，盛田昭夫的“智慧并不只在高层管理者手里”这一观点也不仅仅只是为索尼所有，我们采访的所有优秀销售组织的高管都十分赞同这一点，并且在他们的公司里得到了真正的执行和实践。

结论

对于销售领导力，凯斯·布鲁克做了如下总结：“传统意义上，有很多种领导的风格。但是最吸引我的，也是对我们销售部门最适用的，不是坐在办公室里发号施令，而是到第一线去冲锋陷阵，和前线的销售员工们并肩作战，然后告诉他们，‘我不会让你们去做我自己不去做的事，如果你们想去做，我会和你们一起去做。’这一点非常重要。”

前文我们提到，一线销售最重要的一点就是销售领袖和整个销售部门需要有足够的勇气、意志和能力，进入复杂且有风险的市场新领域去探索，进而创造新的方式来识别和满足客户的需求。在这一章里我们重点提到的甲骨文等优秀销售组织给我们提供了很多相关的例子。凯斯·布鲁克与大学副教务长关于风险问题的对话就是最好的例证。

索尼电子和惠而浦公司是另外两个勇于进入复杂且有风险的领域去探索的例子。它们都在各自行业内最早开发出一种革命性的新型销售模式，勇敢地抛弃传统的压货销售模式，转型为以零库存为目标、以高效物流为基础的全新销售模式，效果十分显著，这两家公司及其各自的客户都获得了巨大的收益（详见第三章）。

结论很明显：前线领导，以身作则，和销售管理团队、销售代表、跨部门同事以及客户展开合作，企业的竞争力将以几何倍数激增，也将把竞争对手远远抛在后面。

伟大的销售领袖们如何通过前线领导获得成功

- 身在前线，花大量时间在前线观察、检查、教学、指导并亲自销售；
- 以身作则，并与整个销售团队以及公司其他部门合作；
- 在整个组织培养领导力，保证从一线销售到高管各层级之间信息的有效传递；
- 打造出色的团队合作；
- 培养销售人员“像自己创业那样工作”的心态，主动创造和传递客户价值；
- 懂得倾听，通过公司和客户之间的双向沟通，获得市场洞察；
- 最快进入有风险且复杂的市场，并通过创新来创造和传递客户价值，率先建立销售模式和进行组织调整。

《 第二章 》

关怀下属，充分授权

对于销售领导者来说，不管是第一线的销售经理，还是公司销售高管，最重要的工作都是培养优秀的个人和团队。如果没有优秀的个人和团队来执行，再好的计划也毫无用处。

那么最好的销售组织是如何应对这些挑战的呢？我们发现最优秀的销售组织会做到以下六点。

- 把招聘和培训员工持续摆在首位；
- 把人力资源投资视为对本销售组织以及整个公司的未来投资；
- 把销售工作视为训练未来的公司管理者和销售部门管理者的基础；
- 重视对销售过程的管理，而不仅仅看结果和数字；
- 把精力和智慧花在物质激励以外的奖励和认可机制上，在满足客户需要的同时，激发员工对卓越销售能力的追求；
- 管理上既要有清晰的目标、限制、计分标准，还要用父爱般的关怀来支持和鼓励销售人员。

美国历史上最年轻的在任总统（42岁时就任总统），也是美国历史上最伟大的总统之一西奥多·罗斯福（Theodore Roosevelt）说过一句非常有名的话："温言在口，大棒在手。"事实上，这是对"胡萝卜加大棒"政策的幽默表达，而这种"胡萝卜加大棒"策略在历史上一直被管理者推崇。换句话说，如果员工表现尚可，就温柔以待；如果不合作或者表现不如人意，就以处罚待之。

但是，这种方法真的是激发员工个体和团队表现的最好方法吗？这种方法真的能鼓励团队为了更大的使命感而奋斗吗？这种方法真的是发扬管理者前线领导精神的最好方法吗？这种方法对于人力资源管理，例如员工的招聘培训和绩效管理真的有效吗？

事实上，不论是行为科学和组织心理学的研究，还是有经验的管理者，早就知道"胡萝卜加大棒"这种管理方法存在严重问题，而且只能在短时间内有效。长期来看，处罚这种方式会掩盖奖励的吸引力，让员工滋生厌恶和不满情绪。

我们写这本书时曾经采访过的一个高级销售总裁告诉我们，"胡萝卜加大棒"政策往往最后会变成"只有大棒，没有胡萝卜"。他说道："'大棒政策'是不能持久的。不是这种方法好不好的问题，而是这种方法长期看几乎完全无效。你只要一刻不监督，员工就会溜号。因为员工觉得自己并不是公司的一员。”

使用“大棒政策”的公司往往运行混乱，其共同点是用批评谩骂、前后不一致、不规律、单向的、无效的沟通方式来管理它们的员工。这些公司没有更高的使命感，高级管理者也根本无法做到前线领导。

相反，所有成功的销售组织都是清楚地传达信息，而且通过全体会议或者一对一谈话的方式，认真倾听员工的声音。这些公司也更喜欢采用“胡萝卜政策”。SAP Business Objects 公司销售和营销高级副总裁兼总经理格雷格·罗登认为，企业如果希望员工一直能够有高效的表现，最好的办法就是把精力投资在你的员工身上。而这一观点在我们与其他公司的销售领袖访谈时也多次听到。

一个医疗行业的高级销售主管把这称为“关怀和培养你的员工”。在说到甲骨文公司如何成功转型到以解决方案为引导的销售模式时，凯斯·布鲁克告诉我们：“我们对员工比以前更好了，而且不得不这么做。”联邦快递也对公司自成立以来就坚持的“以人为本”的管理理念引以为豪。

但是，这绝对不是完全否定严格执行业绩管理规定。这就是为什么我们把本书中采访的这些优秀销售组织发展和管理员工的方式称为“父爱式”的爱护。肯·史蒂文斯说：“有时候，你可以用比较礼貌的方式传递一些建设性的批评，这样做完全没有问题，这也是我的工作。”而且，如果员工真的表现不佳，公司可以通过不给奖励或认可，甚至辞退员工的方式来进行严格管理。如果某个员工一直表现不好，那就需要认真考虑他是否适合该工作岗位的问题了。

在优秀销售组织的人力资源实践中，它们会把重点放在：（1）出色的招聘环节；（2）给销售代表和一线销售经理持续有效的培训；（3）重视过程管理，而不只是看结果；（4）有效的奖励和认可机制。

如果这些因素和企业的销售目标及更长远的使命结合得很好，那么就实现了联邦快递公司高级副总裁汤姆·施密特（Tom Schmitt）所说的“人尽其才，才尽其用”。（第一章里讨论了如何提高销售部门的领导力以及如何使销售领袖成为一线销售代表的导师；第六章将进一步讨论如何把公司的招聘培训环节和公司的长远使命感结合起来。）

出色的招聘

当我们问及各行各业的销售领袖如何打造优秀的销售团队时，一个共同的回答是：招聘是最重要的环节，没有之一。

对于一些销售管理者而言，招聘就是寻求拥有“销售 DNA”的新鲜血液；对于另外一些管理者而言，招聘就是找到善于解决问题的人，然后把销售技巧传授给他们。

而所有优秀销售组织的高管们都认为：销售人员必须拥有企业家精神、创新精神以及很强的抗压能力。在如今几乎所有行业都是供大于求的局面下，成为一个出色的销售确实困难重重。销售人员必须能够很好地根据客户、部门以及自身的利益去适应并克服困难。

在第一章“前线领导”中，我们讨论了在优秀的销售组织，高层管理人员是如何鼓励和培养创造力和企业家精神的。例如，凯斯·布鲁克就鼓励大家要像自己创业一样工作，销售人员必须以客户为驱动力去工作。

SAP Business Objects 公司在招聘新员工时，会寻找有“蓝领精神”的员工，不管他们是刚毕业的大学生还是已经小有成就的销售人员，都需要有这种精神。格雷格·罗登告诉我们：“有蓝领精神的销售会这样告诉自己，‘既然客户不喜欢我们现在的方案，那么我需要换一个更有创意的新方案。既然公司给我的方案行不通，那么我需要做一些改变。’我在面试中与 90% 以上的面试者都提到了所谓的蓝领精神。有一个非常出色的销售人员原来在我们的竞争对手公司工作，当他跳槽到我们公司时，我告诉他，‘我们团队是世界顶尖的。如果你已经不再学习和成长，那么这里不太适合你。我们需要你来这里做得更优秀，发挥影响力，并在这里创造自己的新纪录。’三个月以后，他告诉我，他一直在想哪些领域可以发挥他的影响力。他现在已经在我们这里工作两年了，而且表现非常出色。当然，他本来就非常出色，可是在这里，我们至少在他身上又挖掘出 15% 的潜力。其他同事看到他如此卖力地工作，都不禁感叹，‘为什么他还要加班？他已经如此有成就了，我也要像他一样努力。’”

尽管在今天的商业世界里，尤其是 B2B 的世界，销售的角色变得越来越复杂了，尽管销售部门对企业健康发展所承担的责任越来越艰巨，（尤其在经济不景气的时期），可很多人还是会觉得销售工作是给那些不够聪明、不够有才华的人去做的。正如强生公司旗下护眼产品子公司卫康（Vistakon）的全球销售和营销副总裁戴维·史密斯（David Smith）说的，“在大多数公司，销售部门一直都被当成外面领养的孩子。”

事实上，任何人只要认真观察今天各企业销售部门所遇到的挑战，就会发现这种观点是完全错误的。只有运用巨大的知识资本，作为一个整体的销售部门以及作为个体的销售人员才能为客户和企业创造价值。在本书中，你会发现很多优秀销售组织拥有顶级的知识资本。在这一点上，联邦快递全球服务高级副总裁戴夫·埃德蒙兹（Dave Edmonds）告诉我们，销售代表的招聘必须非常挑剔，因为销售工作对人员综合素质的要求非常高。“为了给联邦快递较高的收费提供理由，销售人员必须很好地展现出联邦快递的物流能力，以及联邦快递如何能够通过更好地控制产业供应链来为客户节省大量的时间和金钱，这要求销售人员的素质得十分突出。试想一下，当你走进客户公司 CFO 的办公室，如果你没有极其精准的判断力和说服力极强的数据，如果你无法跟该 CFO 比较各种财务报表并告诉他哪种方式对客户公司最佳，你能获得这个大客户的订单吗？”

由于对销售工作的要求越来越高，优秀销售组织在招聘过程中会特地寻找那些有潜力在销售部门和整个企业都能发挥领导力的青年才俊。例如，强生公司旗下的卫康以及其他子公司目前都集中精力在顶尖的大学举办招聘会。正如戴维·史密斯所说，“我们不仅仅在招聘销售代表，我们在为公司招聘未来的销售经理和企业领袖。销售和其他任何一个部门一样都需要优秀的人才，更不用说很多伟大的企业领袖和公司总裁都是做销售出身的。”其他优秀销售组织的总裁们也发表了同样的观点。

最后，好的销售人员往往还是优秀的跨界者。他们可以从客户的角度去思考问题，同时兼顾公司和销售部门的利益。就像能流利讲两种语言的人，他们可以在不同视角里自由切换，并且游刃有余。

优秀的销售组织还特别青睐跟企业有着相同价值观和远大使命感的员工。同样，最有才华的应聘者也希望把自己的才华奉献给一家有着伟大理想、为全世界人民谋福利的企业。江森自控公司副总裁兼首席市场官金·梅特卡夫–库普雷斯（Kim Metcalf-Kupres）指出，销售部门和企业整体的工作都需要以环境的可持续发展为出发点。思科公司全球运营执行副总裁罗博·劳埃德也指出，不管是现有员工还是应聘者，都必须和公司一样要对社会具有责任感。博斯通公司 CEO 罗恩·博伊尔也强调，公司长期的表现取决于员工能不能认可公司的理念，并和公司的出发点保持一致。联邦快递公司高级副总裁汤姆·施密特也说，公司需要招聘有着客户至上甚至超越客户价值 DNA 的员工。索尼电子高级副总裁肯·史蒂文斯也同样非常欣赏那些有企业家精神和创造力的销售代表，因为这样的人都是以客户为出发点，同时为公司带来利益。

那么一个销售组织如何才能吸引到这些优秀人才呢？例如，卫康公司在大学毕业生中招募优秀人才时，不仅把入门级销售代表的岗位看作是一份能够给毕业生提供激励和奖赏的位置，而且也是为其之后在销售部门或者其他部门更高层面的工作提供的一个入门的机会（详见第五章“在销售中践行使命”）。包括惠而浦公司在内的其他优秀销售组织在招募和培训人才时也几乎都是这么做的，我们会在本章接下来重点讨论。

整体上，我们认为一个销售组织以客户为驱动力而取得的成就，就是招聘优秀人才的利器。销售领袖们不停地提及公司使命感的重要性，不论是对既有的员工，还是对未来的新员工，都有很大的吸引力。如果一个公司能够鼓励员工有领袖精神，在培养销售人员时能够结合人性关怀和科学性，并允许员工在犯错中进步，那么这样的公司一定会在人才市场中备受青睐。这样的公司会成为优秀人才的吸铁石，并在人才竞争中脱颖而出。

培训销售团队

随着销售工作复杂性的增加，对于销售代表的培训需求也更加迫切。但是培训的成本非常昂贵，而且效果也不是立竿见影。所以在经济不景气时，培训环节在很多公司里总是以预算或成本原因而首先被砍掉。罗恩·博伊尔警告说，“砍掉培训环节非常容易，因为培训的效果不是那么立竿见影。但是你得记住什么才是公司的生产力要素，这些要素包括资金、技术，还有人才（培训）。”

那些能够在市场上获得持续胜利的公司，往往都能够坚持在任何情况下都不减少对员工培训的投入。越是那些真正的学习型企业，越是关注新手的入门培训和后续培训，以帮助员工在应对市场变化时能够更进一步。

当然，没有一个销售组织会忽略成本因素，所以优秀企业的销售高管总是会尽一切可能并最大限度地利用有限的培训预算，包括使用远程在线学习等方式。但是，所有我们采访过的销售领袖都同意，把销售人员集中起来，用面对面授课的方式进行培训是最有助于提升企业家精神和团队合作精神的。正如一位销售高管所说，企业在培训中要灌输公司文化，如果光讲授一些实用技巧，但是不灌输公司理念、培养忠诚度，那么就是在为他人作嫁衣。举个例子，施乐公司一直以其培训闻名，不仅有超过 5000 多门在线课程可供销售人员学习，而且还经常用面对面授课的方式对销售人员进行培训。

出色的招聘环节可以让后续的培训更有效。格雷格·罗登在谈到“蓝领精神”的重要性时说：“最近，在公司年初销售启动大会的那一晚，有两个最优秀的销售人员分别跑过来告诉我，今年他们打算迎接新的挑战，让自己和公司都变得更强。如果你是公司的销售负责人，没有比听到这样的话更开心的了！”

在最初的新手培训之后，很多销售组织通常会分配新人去做内部支持或者电话销售。凯斯·布鲁克告诉我们，甲骨文公司也认为，内部支持工作是一个锻炼新人的好地方，可以让新人好好磨炼自己的耐力，学习公司文化，以及如何为客户寻求解决方案。对管理者来说，这也是一个观察新人表现的地方，你可以发现谁最有实地销售的能力，谁会在将来成为公司的销售主力。这也是管理者最关心的。

对于员工培训来说，如何适应新的销售模式一直是一个巨大的挑战。当惠普公司决定把公司的销售模式转型为以专业化解决方案为引领的销售体系时，其销售人员经历了最严酷的训练。这个项目要求每一个销售代表要和同事一起完成一项模拟销售任务。惠普公司技术解决方案事业部高级副总裁兼首席销售官安迪·马茨（Andy Mattes）说，刚开始培训时，高级销售主管们十分紧张，担心整个销售部门同事对此的反应，尽管这些销售主管大都身经百战，面对再难搞的客户时都毫无惧色。正是通过这种高强度的培训，全体销售人员对新销售模式投入了极大的努力，之后很快就适应了新销售模式。

同样地，当霍尼韦尔公司开始转型的时候，销售部门的领导团队为销售代表们编辑了一本详细的销售工作指南。该公司全球销售副总裁凯文·马登（Kevin Madden）告诉我们："在我们转型前，我们原先不太成功的销售模式是没有人有具体的计划，所以我们在销售工作指南中加入了很多员工培训环节。这本销售工作指南会告诉每个销售代表他们需要打多少个售前电话，要上多少次培训课，要起草多少邀请函，要花多少精力谈判，每周要完成多少询价，在每个节点要有多少潜在客户，等等。在整个销售过程管理中，销售人员只有完成销售工作指南上的那些要求，才有可能成功。"

在说明培训可以真正帮助销售成功时，霍尼韦尔公司的一个创新性培训项目成为一个典型的案例。在该培训项目中，公司发明了一个"成功经验总结"的环节，即把工作业绩优秀（年销售额超过 75 万美元）的销售人员聚集起来，搞一个"成功经验总结会"。会上会问这些优秀的销售人员："客户的真正需求是什么？为什么你会获得销售成功？"通过这种做法，霍尼韦尔公司强化了销售部门如何清楚地满足和解决客户的深层次需求，而不只是一般的表层需求。公司要求所有销售人员要专注于真正了解客户的需求上，而不是兜售产品和服务。

在这个成功经验总结会上，还会问这些优秀的销售人员："除了自己公司的解决方案之外，哪个竞争对手的解决方案是客户考虑的次优选择？"这是为了让员工清楚地知道霍尼韦尔公司和竞争对手在解决方案上的差异以及如何才能更胜一筹。

在霍尼韦尔公司，这种成功经验总结会甚至会有客户参加，以便销售人员可以在活生生的真实案例中学习。如果觉得销售团队的经验总结有些夸张或者不真实的成分，销售高管会直接拨通客户电话，然后跟客户说："我们现在正在做季度回顾。希望更加明确地理解你公司的需求，以便我们更好地为你服务。我们的销售代表是这样说的……你觉得对吗？"

凯文·马登总结说，销售工作指南和成功经验总结会推动公司销售业绩实现了巨大提升，这已经成为他们公司的核心竞争力之一。而且，这种成功经验总结会已被公司的销售代表们自发地扩展到业绩额小于75万美元的各区域销售代表和当地销售经理间的非正式讨论会上了。销售代表会自发地这么做，说明他们从中获益良多。

有一些销售情境需要特定的竞争力。例如，强生公司会为销售代表提供关于医疗专业方面的培训。又如，索尼电子公司在把销售模式从传统的压货销售模式，转型为以零库存为目标、高效物流为基础的全新销售模式时，就为销售代表提供供应链和物流方面的专业培训，以适应索尼公司和零售商关系的变化。

在员工培训方面的另外一个挑战是，为整个销售部门开展的培训往往并不足以让公司最好的销售人员实现业绩最大化。要知道，这些优秀的销售人员虽然人数不多，但他们的业绩占了公司总体业绩很大的比重。很多销售领袖都强调过这点。用凯斯·布鲁克的话来说，最好的运动员也需要有专门的教练指导他去做合适的训练。

正因如此，万事达信用卡公司经常选出销售部门中潜力最大的员工参加其他部门同事组织的跨部门整合工作会议。该公司全球执行副总裁盖瑞·弗莱德认为这样做有两个好处：第一，有助于优秀的销售代表对关键客户管理树立全局观，包括财务、人力资源、市场发展等各方面的商业敏感度；第二，让优秀的销售代表和其他部门的同事接触，能够建立销售部门与公司内部其他部门的良好关系。

我们遇到最有趣，也最有启发性的销售团队培训来自惠而浦公司。当惠而浦北美销售副总裁山姆·阿布德努（Sam Abdelnour）接手公司销售部门以后，由于他在惠而浦公司销售部门已经工作了大半辈子，他深深感到改革惠而浦公司销售部门的必要性。问题并不在于销售部门的业绩不佳。事实上，销售部门的员工都非常能干，每年的业绩都在不断提升。但是这个部门却十分老龄化，与消费者群体的多样化很不匹配。长期来看，这样会阻碍惠而浦公司及其渠道大客户与消费者之间的有效沟通。

山姆·阿布德努告诉我们："当我刚接手惠而浦销售部门时，我对销售部门的人力资源总监说，'尽管我们公司的销售部门业绩十分优秀，但是，我已经在惠而浦公司待了22年，而很多人居然比我待得还久。'接着，我让人力资源部给我一份销售部门员工的统计报告，发现我们部门真的是非常老龄化，大约有70%的销售人员和75%的销售经理超过了50岁，而且80%的销售人员是白人男性。于是，我告诉我的整个销售团队，'你们已经是行业内最成功的销售团队了，你们每天都在证明这一点。但是，我最担心的并非你们的执行力会随着年龄的增长而下降，而是你们很快就要退休了，那时销售部门怎么办？所以，我们需要吸收新鲜血液。'"

山姆·阿布德努和他的同事为此设计了一个名为"惠而浦真人秀"的招聘项目，这个项目的灵感来自一家音乐电视的真人秀节目。该节目讲述了一群刚踏出校门的年轻人第一次自食其力的经过。所有参加节目的人都住在一所大房子里，整个过程也被全程拍摄。那么，"惠而浦真人秀"招聘项目是如何组织的呢？

在这个"惠而浦真人秀"招聘项目里，惠而浦公司只招聘大学本科毕业生，没有一个研究生。公司每一轮招聘平均招8个人，而且至少一半以上为非白人男性。他们需要一起住8周时间，自己做饭，自己打扫房间，并且在那儿接受训练。每天晚上，他们还要表演娱乐节目，供公司员工欣赏，并且要做饭给大家吃。只有这样，这些新员工才能更好地了解公司里各个不同部门的同事。

由于惠而浦的产品是家用电器，所以每周都会轮换一些家用电器产品，不仅包括惠而浦的产品，也包括竞争对手的产品。这样，这些毕业生对惠而浦和竞争对手的各种电器产品就会非常了解。在8周结束以后，他们会了解到目前市面上总共有多少类似的家用电器产品，以及每一种产品的性能怎么样。惠而浦公司当然希望新员工都更喜欢惠而浦的产品。不过，即使新员工更喜欢别的品牌，惠而浦公司也获得了很好的反馈，可以用在惠而浦的工程和设计中。

在启动第一期"惠而浦真人秀"招聘项目时，招聘陷入了困境。那时候，美国的科技泡沫还在膨胀，几乎每一个大学毕业生都想去硅谷工作，梦想一夜之间成为互联网界的百万富翁。所以一开始惠而浦公司主要是在已有员工的家人和朋友中招聘人才。在硅谷的科技泡沫破灭之后，情况则完全改观。每一期"惠而浦真人秀"招聘项目只有8个名额，但平均竟然有200多个应聘者。

现在，惠而浦公司每年会开展6~10期这样的真人秀招聘。随着销售模式的发展和进步，惠而浦公司需要更多的人才。经过"惠而浦真人秀"招聘来的员工会成为"品牌代表"，成为惠而浦公司销售代表的助理，并接受进一步的培训。如果在14个月后能在考核中胜出，他们就会真正独立地开展销售工作并有业绩指标和佣金提成。

惠而浦公司这种招聘和培训方式的效果非常出色，通过真人秀招聘项目，惠而浦公司留下了98.5%的优秀参与者。该招聘项目还解决了员工多样性的问题，多样性从过去的12%增加到67%。该项目不仅在销售部门非常成功，而且对惠而浦整个公司来讲，也是很好的人才孵化器。

由此可见，惠而浦公司的销售培训非常出色，而且B2B销售在今天也变得越来越有挑战性和战略性意义。正如惠而浦销售发展总监戴维·普罗沃斯特（David Provost）所说，惠而浦公司有着对销售部门特别重视的传统。山姆·阿布德努总结道："不管你将来从事哪个部门的工作，财务部、供应链、市场部、采购部或者产品研发部，只要你曾经做过一段时间销售，学习过如何更好地理解业务、渠道、消费者以及产品是如何被出售的，你都将受益匪浅。"

培训销售经理

你听过如下说法吗？

- 销售经理，职位只比底层销售代表高一级，在公司却起到决定性作用；
- 整个销售部门里最重要的人就是一线销售经理；
- 一线销售经理的指导是成功的第一要素；
- 要想成功，就得靠一线销售经理；
- 一线销售经理是销售部门最重要的职位，对公司生死攸关；
- 销售部门最重要的关系，就是销售经理和销售代表的关系。

我们还可以列举很多类似的说法。每一个我们采访的销售领袖都提出同样的观点：一线销售经理至关重要。健赞租赁公司的销售高管丹·里根在谈论这个话题时，回忆了在他工作的早些年，一个销售经理对他的影响："当我还是一个年轻的销售代表时，那时候我的经理叫杰夫·贝利（Jeff Bailey）。杰夫是公司里非常著名的销售经理。当时，当我知道他要来跟我一起工作几天时，我非常紧张，甚至连车都开出去洗了一遍。两天以后，杰夫回总部了。我当时情绪非常高涨，因为这几天一起工作的收获很大，我们共同完成了很多项目，我也很清楚接下来的任务和目标。下一次再见面，我很想让他知道我一直在努力工作，上次他留下的任务我都完成好了，我希望他能看到我的进步。你看，这就是一个好的销售经理的功劳，他能给他的销售代表留下无穷的动力。"

正因如此，优秀的销售组织都不遗余力地招聘和培养优秀的一线销售经理。很多销售领袖都认为，在选择销售经理时，公司内部已有的优秀销售代表并不一定是最好的人选。丹·里根认为，在考虑一线销售经理人选时，除了要求销售经理必须有优秀的销售能力，更重要的是，一线销售经理必须有指导下属的能力。一线销售经理必须喜欢去指导下属，既能够拍拍肩膀式地鼓励员工，又能在关键时刻说几句狠话。

在第一章已经提到，在优秀的销售组织里，高级总裁们把教学和指导作为衡量各级销售管理者工作出色与否的第一指标。而且，在所有各级销售管理者的教学和指导工作中，一线销售经理的教学和指导工作最重要。联邦快递公司高级副总裁汤姆·施密特认为，一线销售经理的首要任务是教学和指导下属，其次才是帮助自己的团队完成一些艰巨的任务。

成功的销售组织总是致力于增加一线销售经理对下属的指导时间。很多公司甚至采用可量化的标准，并通过调查问卷来跟踪是否有成效。而这些调查问卷的结果非常重要，足以作为重新分配行政支持和销售支持的标准和基础。丹·里根将之称为“如何管理经理人”。以健赞公司为例，二线经理会问一线经理：“你的工作怎么样了？让我看看你工作之后的会议记录报告吧，说说你跟销售代表具体的谈话内容，也让我看看你做的回顾和总结。”

理论上，如果所有的销售工作进展都非常顺利，可以不需要二线经理。但是实际上，一线经理也需要帮助。即使只是有人告诉他“这个项目你完成得真不错，但是还有好多种方式可以把它做得更好”，也会给一线经理很重要的帮助。这会让一线销售经理知道，每个人都需要更好的教学和指导，而当一天的工作结束后，销售代表尤其需要反馈，需要指导。

在惠普公司，不仅每个销售人员需要参加上岗培训项目，每个销售经理也需要参加上岗管理培训。惠普公司技术解决方案事业部高级副总裁兼首席销售官安迪·马茨告诉我们，相比销售人员，销售经理其实更需要培训。

同样地，在霍尼韦尔公司，不仅一线销售代表，每个销售经理也会获得销售工作指南。在该公司的转型过程中，最大的一个障碍便是每一个销售经理手中都负责太多的销售代表。公司全球销售副总裁凯文·马登指出，这样的结果导致销售部门的一线经理变成行政管理者，缺乏对销售代表的指导和教学，而仅仅是联系和回应而已。于是，该公司后来把每个销售经理负责的销售代表数目从18~25个减少到12个。只有这样，一线销售经理才能花他们一半的工作时间用来指导销售代表，并花另一半时间亲自参与到与客户的交互和销售工作中去。

在大多数公司，如果一线销售经理擅长赋予销售人员力量并指导他们获得更大的进步，这样的一线销售经理往往就会成为更高级管理者的最佳候选人。施乐公司高级副总裁迈克·麦克唐纳（Mike MacDonald）指出，如果你看看施乐公司所有的高级副总裁，就会发现一个有趣的现象，即他们都曾经担任过一线销售经理，并且表现十分出色。施乐公司会派有潜力的销售经理去位于北卡罗来纳州著名的创新型领导力培养中心进修学习。类似地，思爱普公司的格雷格·罗登告诉我们，他一直亲自致力于教授领导力，并让管理团队看到他是如何工作的。

思科公司也一直致力于培养优秀的销售领袖。罗博·劳埃德告诉我们，思科公司的销售部门会挑选一些十分有潜力的当地或者地区性销售经理组建跨部门的团队，来处理一些非常具有挑战性的任务，比如进入新市场。他们必须懂得合作，并学会让团队合作精神渗透到整个销售部门。

在我们采访过的所有优秀销售组织，不管是高级销售主管，还是一线销售经理，他们都强调一定要善于指导和激励一线销售员工。谈到这一点，博斯通总裁兼CEO罗恩·博伊尔跟我们分享了他亲自面试两个公司副总裁候选人的经历。博伊尔问他们："你认为公司每个员工都想好好工作吗？”其中一个候选人说：“当然。”而另一个说：“未必。”这样截然不同的回答在博伊尔看来，说明第一个候选人更加关注公司的未来发展，而第二个候选人更加倾向于监管和处罚员工。于是，博伊尔选择了前者作为公司副总裁。

在深入解释这个问题之前，博伊尔回忆起他在百思买公司工作时的一件事。那时候，他还是百思买的一位销售高管。有一次，他和百思买公司 CEO 布莱恩 · 邓恩（Brian Dunn）一起微服私访，他看到一个销售经理从仓库里跑出来（百思买零售店一般都很大，面积大约有 4500 平方米），气喘吁吁地说：“布莱恩，见到你很高兴！你好久没来了，我们店现在发展很快。”

很明显的是，这样的人就是每家公司都特别需要的优秀销售经理。10 年前，布莱恩 · 邓恩就是他做销售代表时的直接上司并对他亲自教导。而这种教导的回报是巨大的，因为布莱恩不仅仅培养了博伊尔这样的优秀销售经理，还间接影响了整个百思买公司里里外外所有接触他的人。

这说明布莱恩 · 邓恩是一个非常优秀的领导者。他很强悍，很公平，也非常愿意付出。作为一位领导者，如果你的下属一直表现不佳，没有达到业绩指标，那么你作为领导者也是不可能获得成功的。因此，当我们说到领导者的责任时，这不是一句空话。在下属表现不佳的时候，领导者必须当面告诉下属，你不满意他的表现。同时，你还要告诉他，你的工作就是要帮助他成功。这是硬道理。

当然，有些时候某些员工没办法达到业绩要求，那就不要勉强对方了。和其他我们采访过的销售领袖一样，博伊尔对这个问题非常严肃，并用短短的六个字“慢招聘，快解雇”概括了他的看法：招聘时要精挑细选，解雇时动作要快。

下面，让我们看看最成功的销售组织是如何进行业绩管理的。

业绩管理

我们采访的所有销售领袖都同意并强调指导和激励员工是企业获得持续性高业绩的最佳途径。正如格雷格·罗登所说，销售管理工作的核心并不是短期业绩，而是整个销售过程的管理。

首先，如果仅仅看数字，业绩数字本身很可能具有欺骗性。在第一章我们提到过，我们所采访过的销售领袖都强调，领导者要到前线去领导，其中最重要的一点就是超越数字，亲眼看到销售代表们的实际表现。用甲骨文北美执行副总裁凯斯·布鲁克的话来说，某个销售代表可能用粗暴的方式取得了数字上的达标，却损害了客户和公司的长期利益。或者说，数字本身，不管漂亮与否，都有各种不可控因素的影响。

健赞租赁公司的销售高管丹·里根观察到，因为销售领域的不同，即使两个能力相当的销售代表也可能有完全不同的业绩表现。因此，优秀的销售业绩管理需要聚焦销售过程和活动，并同时用定性和定量的方法加以评估，而非仅仅关注结果和数字。

为了说明销售过程的管理非常重要，格雷格·罗登跟我们分享了两个小故事。第一个是他自己在担任区域销售总监时直接管理的一个销售代表的故事。当时那个销售代表的办公桌就在罗登的办公室门外。由于罗登办公室的门始终敞开着，他经常听到门口的这位销售代表和客户、潜在客户及公司内部同事的电话。

罗登告诉我们："有一天，这个销售代表走进我的办公室，跟我说，'我已经三个季度没有完成业绩指标，我是不是应该卷铺盖走人了？'我当时立刻回答说，'鲍勃，我经常听到你和客户之间的电话。你不仅工作卖力，而且正在做正确的事情，所以不要担心，我支持你！只要你一直在努力、在进步、在学习，我就永远支持你。现在虽然有困难，但是我知道你会克服的。所以你要坚持，加油！'"

不仅如此，罗登还给这位销售代表留下一张纸条来激励他："只要你坚持并且愿意付出额外的努力，你一定会成功的！"之后，他还和这位销售代表的直接上司即一线销售经理深入沟通，而且双方保持了高度一致的立场，并鼓励这位销售代表和一线销售经理紧密协作，也承诺他自己也会帮助他们。

对一个基层销售代表的工作如此支持和鼓励，结果怎么样呢？后来，这个销售代表成为第一个有资格进入 SAP Business Objects 公司总裁俱乐部的销售代表，并被提升为公司销售副总监。这个差点流失的一线员工其实是个销售明星。无疑，这样成长起来的销售明星会对公司非常忠诚。

罗登跟我们分享的第二个小故事，体现了本章一开始所倡导的"要用父爱般的关怀来支持和鼓励销售人员"。SAP Business Objects

公司一个过去表现很出色的销售副总监最近工作有点儿不对劲儿。遵循前线领导的原则，罗登在两周内花了整整三天时间和这个销售副总监及其销售团队接触。他告诉这个销售副总监："你们工作的强度不够，团队的主人翁精神也远远不够。"同样，他留了一张便笺来提醒这位销售副总监。罗登解释说："很多时候大家不想听真话，这就是为什么你需要把它写下来的原因。"

同样，健赞的销售高管丹·里根告诉我们："你要尊重你的手下，你要以他们能够接受的方式去指导他们。你要为他们提供坚实的靠山，但与此同时，你又要让他们知道哪里需要改进，并且可能你需要非常强硬地告诉他们，哪里有问题，哪里需要早点处理好。这就是管理的勇气。"

类似地，索尼电子高级副总裁肯·史蒂文斯说："有时候，你要用礼貌的方式，说一些出发点良好的难听话。"

如果不讨论奖励和认可机制，那么讨论销售业绩管理就没有意义了。优秀的销售组织都把奖励机制和销售目标挂钩考量。它们知道认可和奖励非常重要，而且有助于形成和谐愉快和共同进退的工作氛围，而且它们非常认同每一个员工都有不同的工作动力，公司要学会差别对待，才能提升和维持工作士气。

当索尼电子公司在把销售模式从传统的压货销售模式转型为以零库存为目标、高效物流为基础的全新销售模式时，其目标已不仅仅是索尼自身的业绩了，而是索尼及其零售商共同的业绩。这种转型促进了索尼及其零售商的共同成长（详见第三章）。用索尼电子高级副总裁肯·史蒂文斯的话来说，当时索尼电子的销售部门成为行业内的“异类”，因为索尼率先用供应链指标衡量销售员工的业绩，而不仅仅是销售指标。具体来说，当时索尼电子销售部门里大部分销售员工有50%的奖金都和供应链指标挂钩。

跟奖励机制挂钩不仅仅是企业内部的事情，也受到行业内销售人员供需市场的影响，尤其是竞争对手公司的奖励制度，以及宏观经济形势的影响。联邦快递全球服务高级副总裁戴夫·埃德蒙兹告诉我们，在2007—2008年的经济萧条时期，与竞争对手相比，联邦快递的业绩非常好，市场占有率持续增长，利润率不断提高，新的市场领域开拓非常成功，客户流失率也很低。但是，因为整个经济处于低迷状态，联邦快递公司的基础快递业务还是受到影响而有所下降。

埃德蒙兹解释说：“当时，销售部门遇到一个大挑战，即使他们成功开拓了不少新业务市场，基础业务仍在萎缩。在这样的时期，企业没有足够多的奖金来激励员工。所以，当时我们尽了最大的努力来保持员工的动力，通过其他方式的奖励，让他们在个人收入受到影响的同时，仍能保持良好的工作状态。

我们采访的其他销售领袖也非常同意，除了在金钱上的奖励，其他方式的奖励也非常重要。用另一个销售领袖的话来说，“留住公司最好的员工永远不是靠砸钱”。是的，优秀的销售人员并不是机械化的自动售货机，他们是活生生的人。他们之所以留在一家企业，主要是因为他们在工作当中得到了直接或者间接的成就感。

有些时候，奖励完全可以不用金钱的形式。即使最模式化的销售人员都希望给身边的同事和客户带来积极的影响。很多时候，企业只要通过诸如季度全体会议等内部交流方式，经常表达对优秀销售代表的表扬和赞美，就足够鼓舞士气了。

事实上，不论是第一个为优秀销售代表建立“总裁俱乐部”的施乐，还是霍尼韦尔或者联邦快递，我们采访的销售领袖们都自豪地提到自己公司有“世界一流”的奖励计划以奖励优秀的销售代表。这些公司通常都会把优秀销售代表邀请到度假胜地去举办庆祝大会。

当然，全球豪华度假胜地也并非必需。创新的奖励方式也不失为鼓励员工士气的好方法。用格雷格·罗登的话来说：“你只需找些方式让你的销售代表保持愉快开心就行了。”

奖励和认可都是提高士气的方式。员工的士气确实是很难衡量的指标，但是每个销售领袖都明白这个道理，只有员工士气高涨，销售业绩才会提高。

丹·里根告诉我们：“每个人的动力来源不一样。大部分的销售人员都希望自己榜上有名。有些销售代表主要是被金钱驱动的，但是另外很多销售代表不一样，他们就是喜欢战场的‘拼杀’，他们喜欢通过自己的工作改变客户的感知和行为，喜欢看到结果，喜欢改变世界。所以一线销售经理的当务之急是深入了解每个销售人员的想法。”

说到奖励和认可，最后非常关键的一点是销售人员的职业发展路径。对于一些销售人员来说，职业发展意味着从销售代表转型为销售管理，或者去市场营销等其他部门。但是另一些非常出色的销售人员则希望一直做销售工作。为了解决这个问题，联邦快递、健赞和其他优秀的销售组织一样，都创立了更高级的销售职位。

健赞公司的销售高管乔·布雷南告诉我们：“即使是那些希望一直做销售工作的员工，公司也需要为他们设计职业发展路径。正因如此，健赞为销售代表的升迁设计了不同的层级、不同的销售职位头衔，以及相应的业绩预期。”

所有优秀的人才管理方式，比如好的奖励和认可机制，都是关于如何把员工当人来看待。不同销售代表的头衔和工作内容也许是一样的，但是正如他们不同的工作领域和不同客户各有其特点一样，不同的销售代表也是由活生生的具有不同性格和不同个体需求的人组成的。伟大的销售组织总是尽其所能，像了解客户那样去了解自己的员工。只有细致地了解自己的员工，才能把员工的个体目标和期望与公司为客户服务的整体目标结合起来一起完成。

有效的业绩管理需要销售领导和销售团队坦诚公开地进行沟通。在第一章，我们已经讨论过这种沟通在强调合作的领导方式中的重要性，我们这里再举一个健赞销售高管丹·里根的例子。这个例子告诉我们，在企业的销售部门，坦白公开的沟通方式有多重要，同时也告诉我们一个提高销售部门业绩的方法。

几年前，健赞租赁公司做的一个调查发现，公司内部缺乏足够的信任感，员工非常害怕打击报复，不敢在公司表达自己的意见。

为了解决这个问题，健赞租赁公司成立了一个销售和市场顾问委员会。这个顾问委员会的成员由高级销售代表、产品经理以及部门总监组成，每个月开一次电话会议，每年举行两次面对面的会议。

丹·里根告诉我们："这不是销售管理会议。大家只是关起门来聊天，好的坏的都要聊。"

健赞租赁公司也决定在销售会议上举行一些问答环节。在第一次全美销售大会举行时，问答环节的效果就非常明显。当时，健赞一个非常优秀的销售代表丹尼斯站起来说："我认为我们扩大销售和提高效率的目标与我们公司目前的组织结构不太一致。我做不到，我们很多同事也做不到更多相关产品的销售。咱们公司能不能考虑一下其他方式的组织设计呢？"

听到这个问题，丹·里根对全体参会者说："每个人都听清楚刚才丹尼斯的问题了吧。这个提问是被允许甚至是被鼓励的。他做得非常专业。他很准确地指出了公司可以改进的机会。你们都可以提这样的问题和建议。要想做到这样，团队之间需要绝对真诚的信任，而不是虚假的信任，大家是分得清楚真假的。而信任感的建立需要你真正尊重销售代表。"

丹·里根告诉我们："我是这样告诉销售代表的，'你们才是公司最重要的一分子。我不是，我是控制公司成本的。而你们才是每天给公司带来收益的。我曾经经历过你们正在经历的，我知道你们每天风吹日晒，我也经历过下雨天车陷入泥潭、想着如何把车推出来的感觉。我也理解被客户残忍拒绝的心情。但是你们不能往心里去，你们要振作，因为你们得回到原点，继续寻找下一个客户。'所以，你要绝对相信销售代表，帮助他们相信自己。但是如果你只是说说而已，根本连自己都不相信自己的话，他们会从你的行动中觉察。你得与他们共同庆祝他们的成功，也要与他们共同承担困难。你要倾听他们，也要相信他们。因为你要创造一支相信他们的管理团队。”

除了与销售团队的正式交流和沟通，优秀的销售领袖还经常用非正式的方式进行交流和沟通，以强化销售团队的信念，让销售人员知道，销售领袖与他们同在，如果有问题，就要说出来，大家一起解决。

健赞公司的销售高管乔·布雷南也说：“我们需要大家的反馈。要想成为一家世界级的公司，我们必须知道自己哪里做得不够，哪里做得不错。”

那么，如何才能让销售代表们各抒己见？

丹·里根说：“所谓透明化管理其实意义深远，但也很具挑战性。因为透明就意味着有泄密的风险。我们相比其他公司而言，和员工的沟通非常频繁，但是我们也必须让他们知道，从市场竞争的角度来看，所有沟通的内容都不能泄露。这一点，不是所有公司都这么做的。很多公司都只会告诉你那些你该知道的事。在健赞公司，我们彼此信任。我们让所有销售人员都体会到，他们在做的事，是建造一座大教堂，而不仅是为墙面添砖加瓦。正因为如此，我们的销售员工更加认同我们的目标，公司对员工更加着力培养和支持，员工也为公司更加卖力。”

下面，我们来谈谈员工流失率的问题。在这个问题上，我们采访的不同优秀销售组织之间是有分歧的。比如，甲骨文公司觉得每年

20% 的员工流失率没有问题。但是另外一些公司则认为 20% 太高了，它们可以接受的范围是 12%~15%。我们采访的公司里，还有小部分坚持员工流失率应该低至 4%~5%。这些公司都把重点放在公司人才招聘的长期效率上，致力于培养非常有经验的销售团队。另一些公司则认为，过低的人才流失率说明他们没有及时解聘那些表现不佳的员工。

2007—2008 年，经济低迷使得各家公司都开始重新思考员工流失率问题，有的甚至把裁员当成节省成本的方式。现在，尽管很多企业仍然面临宏观经济的压力，但是所有我们采访过的优秀销售组织都有这样一个共识，如果一个销售组织的员工流失率一直高于 20%，那说明这家公司出了问题。

结论

索尼电子高级副总裁肯·史蒂文斯说："如果你的公司能够创造这样一种环境，即不但赋予员工做决定的权力，并且需要为之负责，只要你把两者结合好，你的员工就会尽最大努力把事情做好。这不仅仅是为了他们自己，也是为了回报你的信任。当你给予他们信任时，他们知道，你非常相信他们，你赋予他们权力，你让他们自己做决定，那么他们就会负责到底，不会让你失望。"

关怀手下，充分赋权。只要做到这一点，你的销售部门的战斗力和业绩将大大加强。

伟大的销售组织是如何培养销售团队的

- 把招聘和培训员工持续摆在首位；
- 把人力资源投资视为对本销售组织以及整个公司的未来投资；
- 把销售工作视为训练未来的公司管理者和销售部门管理者的基础；
- 重视对销售过程的管理，而不仅仅看结果和数字；
- 把精力和智慧花在物质激励以外的奖励和认可机制上，激发员工对卓越销售能力的追求；
- 管理上既要有清晰的目标、限制、计分标准，还要用父爱般的关怀来支持和鼓励销售人员。

《 第三章 》

提升销售的科学性与客户关系的艺术性

在本书的前两章，基于销售变得日益复杂的趋势，我们从销售领导力和人力资源实践角度，研究了如何打造优秀的销售团队。在这一章和接下来的一章中，我们将从销售过程出发，探讨如何提高部门整体销售力以及个体销售人员在其中的角色。在研究各行各业中的优秀销售组织这一过程中，我们发现这些公司都在努力使其销售过程更具科学性（预测性更强，可靠性更高，结果更加稳健），同时不断强化客户关系。这些公司都非常擅长于以下几个方面：

- 基于事实的决策过程，以人为本，考虑客户需求；
- 在不同的客户群体和销售渠道间进行既集中又灵活的资源分配；
- 与不断变化的客户需求相匹配的销售模式，包括不同销售渠道的融合，以及通用型销售代表和专业领域销售专员的角色融合；
- 对于传统通用型的销售代表，要不断增加其各种知识资本，而不局限于客户关系管理；
- 不断改善销售分析、销售过程以及销售运营流程；
- 善于协调销售部门和销售人员的业绩衡量标准。

在大多数人眼中，销售是一份缺乏科学性、无须知识和专业技能即可胜任的工作。然而，我们采访的销售领袖们却经常跟我们谈起“销售的科学性”这个概念。强生子公司卫康的全球销售和营销副总裁戴维·史密斯这样总结道：“销售部门一直被认为是企业内部不受待见的养子一般的角色。但是我们要真正认可销售部门的重要性，并且需要真正理解销售是具有科学性的，是基于事实和数据分析的。销售部门和其他任何一个部门一样需要专业技术，而且可以从销售部门里挖掘和培养优秀的公司 CEO 人选。”

下面，我们主要从惠普、惠而浦、索尼、霍尼韦尔等公司的运行和业绩成就来探讨销售的科学性。这些公司既包括所谓的“旧科技”，也包括所谓的“新科技”，它们都展示了在快速发展的科技行业，新的商业环境对于销售角色的高要求。我们也在本章讨论企业是否有必要保留传统通用型的销售代表这一角色（不同的公司在这一问题上有着明显分歧）。

近年来，销售工作的科学性日益提高，这主要是因为销售运行变得更加复杂，而销售后台的基础建设和后援支持也日益完善。

与很多公司类似，惠普公司的销售运营部门为销售工作设计并执行了一个监控系统。惠普公司的销售运营团队会完成一系列分析任务，从客户开发、提案生成和合约过程的自动化，到新型实地销售工具的开发和执行等活动，来促进销售管理能力的提高。惠普公司的销售运营团队还负责销售团队和前线销售人员的培训工作。

惠普公司首席销售官安迪·马茨说："现在，到了把销售从艺术变为科学的时候了。"之所以这样说，主要是因为科学的销售是更新客户关系管理艺术的最好方法。与惠普类似，优秀销售公司往往还会开展一个反馈环节，让有创作力、有冲劲儿、销售技术高超的员工通过严格的销售过程，以客户忠实的商业伙伴的形象来做咨询式销售。

关于这一点，戴维·史密斯这样说道："所有的销售都是以客户关系为驱动的。一方面，发展客户关系和建立客户对你的信任需要有能力建立技术上可信的解决方案，另一方面，如果没有对客户的深刻认识和亲身感受，也是不可能真正做好的。"

下面，我们就来具体看看，伟大的销售组织是如何不遗余力地将科学的销售和维护客户关系的艺术平衡起来的?

销售从艺术到科学的转型

惠普公司的研发和销售体系最初是由威廉·休利特（William Hewlett）和戴维·帕卡德（David Packard）创建的，在两位创始人不再做日常管理后，该体系仍然使得惠普公司得到了长足的发展。这个体系也促进了通用型销售代表模式的出现，成功适应了惠普公司从精密仪器到电脑、打印图像和软件等不同行业的扩张。

但是随着全球 IT 行业的成熟，惠普公司这种通用型销售代表的“产品外销”模式已经优势不再。为了保持相关产品和服务的设计和开发，惠普公司和其他与之竞争的 IT 公司一样，必须采用一种“客户为先”的模式，并需要大量不同专业领域的销售专员。

IT 界曾经风靡一时的做法是：客户会根据自身的需求对 IT 公司提供的专业产品和服务自己去进行扩容和协调。事实上，客户在这些方面也需要新的专业型销售专员团队和通用型销售代表团队提供帮助。IBM 前 CEO 郭士纳（Louis V. Gerstner）很早就意识到这一点，因此把 IBM 从一个主要提供电脑主机的制造公司转型为提供整体硬件和软件产品与服务的综合供应商，从而把 IBM 从垂死的边缘拯救回来。

当然，IBM 不是这样转型的唯一企业。在过去的几年里，惠普公司也通过提供完整的系列产品和服务，成为全球 IT 行业里的市场领导者。2008 年 8 月 26 日，惠普公司宣布以 139 亿美元完成对 EDS 公司（全球领先的信息技术服务公司）的收购，进一步巩固了在 IT 业界提供最广泛产品、服务和端到端解决方案的领导者地位。

在惠普公司位于美国加州帕洛阿尔托市（Palo Alto）的全球总部，惠普公司技术解决方案事业部高级副总裁和首席销售官安迪·马茨和惠普全球技术解决方案联盟高级副总裁奥利维·科勒（Olivier Kohler）跟我们多次探讨，让我们更好地了解到惠普公司是如何取得这些傲人的成绩，并且持续保持市场和利润增长的。正如安迪·马茨所说，企业的运作前提是认识到“销售是关于如何科学地创造股东价值的一门学问”。

在加入惠普公司时，安迪·马茨就发现，公司的销售部门虽然有很多青年才俊，但是都缺乏系统的支撑。通用型销售代表模式是惠普公司两位创始人威廉·休利特和戴维·帕卡德留下来的销售体系。奥利维·科勒说：“以前我们认为，产品自己会说话。当时最有价值的销售方案就是‘我们的产品是最好的’。这就是我们为什么需要通用型销售人员。很长一段时间以来，如果你是通用型的销售代表，你可以代表公司的很多方面，你是最被优待的对象。”

然而，在21世纪的IT行业，没有任何一家企业的产品自己会说话，因为竞争对手公司的产品和服务质量也都很优秀，而且还有价格优势。因此，惠普公司一直努力推进销售从艺术到科学的转变，就是为了更好地发展客户关系。

安迪·马茨说：“我们需要可以给客户带来价值的销售人员。所以我一直非常努力地消除通用型销售代表这种模式，我不看好这个模式。你必须是某个领域的专家，不管是客户关系，还是纵向市场，或者解决方案，抑或技术支持等方面，都必须是其负责领域的专家。仅仅做一个喝咖啡的销售人员现在是成不了事的，必须有自己的专长，要么能提高客户的效率，要么能降低客户的成本。销售人员一定要在某一方面成为专家。惠普公司目前的产品组合如此巨大，你不可能是个全才。如果你能够在两三轮谈话中体现你的专业知识，这会大大增加你的可信度。当你告诉别人，‘这方面我非常确定，但是另外一方面我不是专家，需要请我的同事加入我们，因为他是那个方面的绝对权威。’这样说，别人并不会对你的能力产生怀疑，反倒很清楚地告诉别人你的专长和知识局限。但是如果你在自己负责的领域没有相应的专业知识，就没有进入下一轮面谈的机会了。”

奥利维·科勒也指出，销售人员在惠普公司成功的秘诀就是看你能否整合资源。例如，一个企业系统解决方案包括软件、服务器、数据中心监管和外包计划，“我们需要的沟通是围绕客户商业需求展开的，而不是围绕公司产品的。这需要销售人员技能的转变”。

安迪·马茨因此建立了一个发展专业销售团队的体系。惠普公司对于目前以及潜在的客户需要有清晰的判断，需要思考销售团队如何与各个客户匹配，并且填补销售团队与客户之间无法匹配的空缺部分。惠普公司在这些方面非常努力，同时也注意到，在全球2000个最大型IT客户中，还有很多客户惠普公司根本没有争取到。虽然惠普公司有着引以为豪的大客户管理体系，但是如果一个销售代表要同时管理10个、15个，甚至20个大客户，根本不可能做到目标明确的咨询式销售。

作为惠普公司的销售领袖，安迪·马茨看到了专业销售人员在“高密度客户覆盖模式”里的潜在优势。他解释道：“这是一个非常简单的反比关系。每个销售人员手头的客户数量越少，就会有越多的时间投入在客户身上，从而可以和客户公司里的高管直接沟通。销售人员可以好好思考客户公司的需求，更主动地开展和客户的沟通。相反，如果每个销售人员被委派处理15~20个客户，那么他哪个客户都无法服务好，只能被动地等待客户上门。而且，这样的销售人员只能与客户公司里等级最低的员工打交道，不可能和高层直接沟通。客户覆盖模式至关重要，每个销售人员覆盖的客户数量关系到销售部门的成败。因此，我们大大减少了每个销售人员负责的客户数量，把原来负责 20 个左右中型客户的销售人员的工作量减少为 5~6 个，把原来负责 5~6 个大型客户的销售人员的工作量减少到 1~2 个。”

减少每个销售人员负责的客户数量，意味着要增加成百上千个销售人员，这对惠普公司来说是非常大的一笔投入。另外，惠普公司的渠道部门也曾经一度非常担心，担心这种方式对渠道不利。但是结果证明，他们的担心是多余的。改变销售模式之后，惠普公司的渠道业务也得到了增长。新的销售模式不仅对惠普公司有利，对惠普公司整个“生态系统”的发展也是有帮助的。而渠道部门也对这一全新的“高密度销售模式”热情支持，充分证明了这一销售模式的成功！

在我们采访时，惠普公司就有 12000 个销售人员在世界各地工作。安迪·马茨说：“规模带来了灵活度。对惠普这样大规模的公司来说，即便是一个 10 亿美元的单子，也不能解决持续增长的挑战。如何赢得下一个单子确实重要，但并不是终极答案。对惠普公司全球 12000 个销售人员来说，我给他们每个人每年的销售任务是 300 万 ~600 万美元。如果每个员工每年的销售额能增长 10%，再乘以 12000 人，这个数字将是十分惊人的。当你要达到这样巨大的数字时，你就必须让一个大型公司能够持续增长。而要实现这一点，你需要成千上万个单子的成功，而不是一两个单子。这就是我说的大格局。”

在安迪·马茨刚加入惠普时，惠普公司的销售部门还缺乏持续赢得成千上万个单子所需的系统支持。因此，他和他的团队多年来不遗余力地提升惠普公司支持销售运作和服务的能力。在安迪·马茨的带领下，今天惠普公司的销售运作支持部门已经成为销售部门和市场营销部门之间的桥梁和接口，成为打造全球销售和支持流程的工程部门，也是惠普公司持续增长和转型变革的载体。

通用型销售代表过时了吗？

无独有偶，惠普公司这一从通用型销售代表到更具专业性的销售专员模式的转型，在甲骨文公司也得到了运用，这一定程度上说明了销售行业的发展趋势。不过，尽管在整个 B2B 环境下，销售人员需要越来越专业化，但是这并不意味着过去流行的通用型销售代表已经退出历史舞台了。正如当年美国各大报纸刊登了马克·吐温的讣告后，这位大文豪从伦敦发来电报，幽默地说："这些新闻报道都夸大了我的死亡。"

事实上，现在以及将来销售行业面临的挑战都不意味着通用型销售代表已经完全过时。恰恰相反，我们只需重新定位销售代表的职能，增加销售代表除了维护客户关系以外的价值。换个角度说，企业需要给销售代表提供新的知识资本。因此，我们认为不能说通用型销售代表的角色已经过时了，而只是对他们的要求提高了。

从销售职业的发展角度来说，在过去，通用型销售代表既可以是入门级的工作，也可以是持久性的工作，当然还可以发展为专业性的销售专员。但是今天，正好相反，通常是专业性的销售专员逐步发展为管理大客户的通用型销售代表。在新的时代，这种趋势将越来越明显。越来越多的销售领袖其职业生涯初期或者发展期都是从事专业性的销售专员工作，而不是通用型的销售代表角色。

事实上，关键大客户的管理工作不可避免地决定了对通用型销售代表能力和水平的高要求。客户越是重要，越是复杂，越需要销售组织能够在复杂的客户需求中制订明确的客户解决方案，真正满足客户的需求。

甲骨文公司北美执行副总裁凯斯·布鲁克注意到，在面对特别复杂的客户时，他的销售团队会调整其销售专员策略，特别指派一个销售专员作为关键大客户负责人。在甲骨文公司销售梯队的顶端，包括凯斯·布鲁克在内的销售高管们，都会亲自作为有经验的通用型销售代表，担任关键大客户负责人，并带领甲骨文公司的销售专员们与这些大客户一起密切沟通和工作。

很多大公司都设置了关键大客户经理来指挥和领导销售专员，这样才能够更有全局观。思科、联邦快递、施乐等公司都设置了关键大客户经理这一职位，作为各个不同交叉职能销售团队的总指挥。

综合来看，在专业型销售专员和通用型销售代表这个问题上，那些最成功的销售组织尽管有不同的表达方式，但其基本内容是一致的。此外，可以确定的是，销售代表靠人际交往能力混日子的时代已经一去不复返。不管什么行业，今天要完成一个订单所要求的技术上和商业上的专业知识都远超过去。负责协调和满足关键大客户需求的销售高管们也不能要求专业型销售专员必须是任何领域都懂的全才。销售高管自己也需要有足够的知识资本，才能引领专业型销售专员与客户之间进行更好的沟通。

销售部门和营销部门的新型关系：合伙人关系

销售高管和整个销售部门也需要用知识资本开展公司内部的谈话。销售部门必须和市场营销部门开展对话式的合作，以进一步深化彼此的责任感和平衡感。

在过去，市场营销部门扮演的是建筑师的角色，而销售部门扮演的是承包商的角色，甚至在很多公司是下级承包商。销售部门没有分担市场营销部门在更大商业范围内的责任，这种分工是不适应现代商业发展的。在高效运转的公司，销售部门和市场营销部门需要建立新型关系，一种合伙人的关系。这种趋势是推动销售的科学性和客户关系的艺术性相结合的过程中最重要的发展。

在传统的教科书中，市场营销部门的职责往往被定义为“确定目标市场的需求和所缺，使企业能比竞争对手更好地适应市场，在提供顾客需求的产品和服务时做到更好、更有效”，而销售部门的职责往往被描述为“激起顾客对企业产品或服务的兴趣和需求，促使顾客购买企业的产品和服务”。换句话说，在传统的教科书观点中，有效的市场营销部门可以减少企业对销售部门的需求。正如彼得·德鲁克所言：“营销的目的是为了让销售变得多余。”销售部门的存在是因为企业的营销工作做得不够好，所以才需要销售部门极力地推销产品。

然而，在今天的B2B市场，这样单纯区分市场营销部门和销售部门的做法已经不再适用。今天的B2B销售早已不再是单纯的产品推销，而是演变为一个具有更多职能的部门，这样才能为客户创造更多价值。所有这些都远超传统教科书中对销售的定义。

举个例子，在一个典型的快速增长的B2B公司里，销售部门有如下职责：

- 与客户一起发现识别其商业需求，并清楚表达其商业需求；
- 根据客户需求提供相应的解决方案，包括产品和服务；
- 与市场营销部门合作，发现有共同或者相似需求的特殊客户群体；
- 与市场营销部门合作，开发可重复使用的服务和工具，以便更有效地为客户提供其所需的解决方案；
- 在特定的行业和产品、服务领域建立专业知识体系，为客户提供解决方案；
- 与专业人士合作（通常由市场营销部门出资），建立和提供客户解决方案；
- 与客户一起改善已有的方案，发现新的解决方案的需求，给市场营销部门提供无保留的反馈。

记住，销售部门和市场部门不能光从产品性能上来看待顾客，相反，要面对不断变化的顾客需求，设计并提供可以满足顾客需求的产品和服务。在21世纪的今天，与市场营销部门类似，销售部门需要管理其知识资本，识别顾客面临的商业问题并提供解决方案，以帮助顾客增加收入或减少成本，而非单纯地推销顾客并不需要的产品。

因此，传统的市场营销部门与销售部门互不干涉的关系已经不能满足日益复杂的商业关系和随之而来的紧密合作的要求。这种关系体现为市场营销部门和销售部门环环相扣，不断互动（见图 3–1）。在

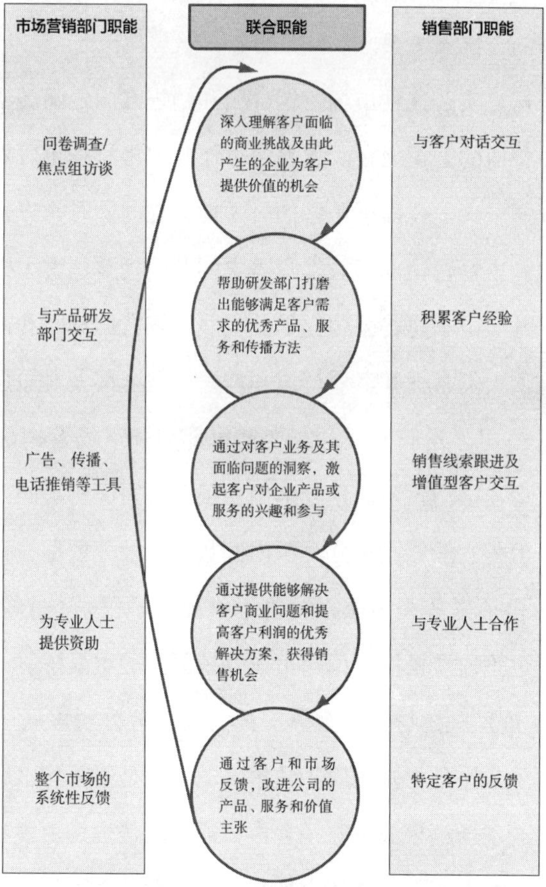

图 3–1　市场营销部门与销售部门的职能及关系

这种紧密合作的关系中，销售部门主要负责创造客户价值，而市场营销部门则不但负责创造客户价值，还要负责创造销售部门的价值。

通过这种模式，市场营销部门和销售部门有一个共生关系和共同责任，来提高公司的市场地位、市场份额、收入增长和利润。那种传统意义上把市场营销部门类比为建筑师，销售部门类比为承包商的模式已经不再适应今天的需求，而是让位于市场营销部门和销售部门之间这种新型的合伙人关系。

惠普公司是实践这种市场营销部门和销售部门之间新型关系并创造显著客户价值的公司之一。惠普通过使其销售过程更可靠、更可预测以及可复制，大大提高了销售的科学性。与此同时，惠普也通过深化销售部门和市场营销部门对客户需求的共同理解，大大提升了客户关系的艺术性。由于惠普公司提倡并实践市场营销部门和销售部门之间的新型合伙人关系，其客户价值和客户忠诚度都大大加强了。

在惠普公司，我们发现，改变销售部门和市场营销部门关系的引擎是销售运作部门。虽然这个部门在很多公司闻所未闻或者仅仅是边缘部门，但是它能够收集并分析内部数据和外部数据。在行业内领先的公司，包括惠普和卫康，销售运作部门不仅是一个新现象、新事物，同时也是连接销售部门与市场营销部门的重要桥梁，大大促进了客户洞察和客户参与。这个分支部门在有些公司隶属于市场营销部门，在另外一些公司则隶属于销售部门，但是不管其隶属于哪个部门，它总是与现场销售人员联手合作，通过获得现场销售数据，帮助市场营销部门和销售部门创造更加强大的新型销售工具。对于这些优秀企业而言，它们已进一步把销售的科学性和客户关系的艺术性放入未来规划中，从而确保企业在市场上一直保持领先。

下面，就让我们以惠普公司为例，来详细了解一下销售部门和市场营销部门的连接点——销售运作部门。

销售部门和市场营销部门的连接点：销售运作部门

在惠普公司的历史上，销售部门和市场营销部门这两个部门在观点上有明显差异，一直是产品销售部门来配合更强势的市场营销部门。所以，惠普公司对于从客户解决方案层面而非从技术性能方面，来帮助专业型销售专员更好地代表惠普公司的产品和服务毫无准备。

奥利维·科勒告诉我们，销售团队从历史上以大量的通用型销售代表为主，转型到今天的以专业型销售专员为主，这意味着销售工作必须紧紧围绕销售人员扮演的各种角色——电话销售人员、实地销售代表、关键大客户经理、有专长的行业专家——所需要的信息展开，不同的销售人员需要广泛运用不同的知识体系。

为了应对这一挑战，惠普公司设立了一个公司层面的销售知识中央枢纽——惠普销售运作部。销售运作部从研发部和营销部获取知识内容，然后再把这些知识内容体系化，为所有销售人员和整个销售流程服务：既包括销售人员，也包括销售过程中的任何一步，例如销售机会、销售线索、招投标、交易完成等。

奥利维·科勒解释道："通过产品来分割内容是很容易的，但是通过角色来分割内容就有点困难了。根据销售人员的角色不同而分割内容，或者根据销售过程的具体环节不同而分割内容，这是对传统内容管理的挑战。通过与产品研发部门、市场营销部门一起合作，我们就获得了信息，并在中间发挥神奇的作用。例如，有些信息对产品营销人员来说很棒，但是销售人员需要把产品信息根据他们销售的解决方案进行转译，这一点是非常重要的。这就产生了给销售团队提供我们称之为‘智慧流动’（smart flow）的机会。”

与传统的每一条产品线各自单独营销不同，这种给惠普公司所有产品和服务提供知识储备的“智慧流动”促进了解决方案的销售。即便最专业的销售专员，也没法保证了解其专业领域的所有技术细节，更不用说相关领域的复杂的产品和服务包。奥利维·科勒说道：“你不能让销售人员去说明产品制造的复杂过程。相反，你需要销售人员用专业知识去告诉客户，该产品可以如何满足客户的商业需求。我们告诉销售人员，他们无须记住复杂的技术性知识。那些复杂的技术问题会由我们来解决，例如机架电缆、冷却系统、仓储和软件等如何协同运作。可以说，我们是销售人员的左膀右臂。”

在惠普公司，销售运作部的“智慧流动”不仅促进了解决方案的销售，同时也很大程度上刺激了市场营销部门的变化，帮助其在满足客户需求这个目标上做得更好。而在产品营销层面，这也帮助市场营销部门更加聚焦在惠普公司的产品和服务如何能够更好地解决客户商业需求的细节上。

奥利维·科勒认为，“要想成为一家伟大的产品公司，要想把行业一流的设计推广出去，你需要从客户的角度来看，而不是从产品的角度，这样才能在产品和市场这两个领域都做到最好。在惠普公司，以前更多的是'产品外销'的理念，但是现在更多的是'客户为先'的理念，销售运作部就是加速这个改变的部门，因为产品和客户都有很大的附加值。"

其实，销售部门和市场营销部门除了在如何代表产品和服务上有不同观点之外，它们对于如何识别销售机会、如何寻找销售线索、如何开始交易和结束交易等往往也有不同意见。最经典的争论就是，市场营销部门往往对销售部门这么说："这是我们给你们提供的机会和销售线索。"销售部往往回答："你们给我们提供的线索都派不上用场。"这两个部门之间有冲突是非常自然的。销售运作部的作用就是来解决这些冲突，通过建立一些类似"智慧流动"知识储备库等全球性销售和支持流程发挥作用，给销售部门和市场营销部门提供有建设性和共识性的解决方案。

打造全球销售和支持流程

安迪·马茨告诉我们，"当我们谈论销售从艺术向科学转变的时候，提供持续性的数据非常重要。我们最大的改变是提供系统性的信息，真正系统性的数据获得和兼容。"

对于同样的问题，奥利维·科勒提到，惠普公司要求销售运作部门提供可持续的全球销售流程。

在这里，惠普公司里程碑式改变的核心是为惠普公司的产品和服务建立了一个涉及 170 多个国家的全球销售管道。这个全球销售管道的设计、建造和执行总共耗费了三年半时间，而且非常不容易。以前，每个国家的销售团队可以自己决定销售流程，然而现在，惠普公司在全球只有一个销售过程。惠普公司允许不同国家和地区的团队根据地区特点对销售过程进行适当的本地化，但是绝对不允许个性化。

在每一个阶段，从销售机会识别、销售线索跟进、招投标到交易结束等环节，惠普的销售领袖们都在监控着全球销售管道的形态、大小和速度。他们可以实时发现哪里的交易减少、哪里的工作停滞了，而且他们可以回答具体的问题（例如，在美国，关键大客户是在引领还是在阻碍整体销售业绩）。他们还可以监控不同国家不同销售团队的行为模式。例如，或许是由于文化的原因，安迪·马茨发现惠普日本公司的同事不太愿意呈现交易过程，他们在初期往往比较保密，直到交易完成才会呈现结果。销售运作部门的信息能够使销售领袖们清楚地知道销售团队是否遇到问题，或者是否错失了机会。它也促进了优秀销售方案的共享和学习。

为什么要建立全球销售管道？其中最大的好处之一是可以进行比较。安迪·马茨解释说："之前，每次我们看到拉丁美洲的销售业绩与美国相差太远，我们不知道究竟是为什么，因为有太多原因可以解释拉丁美洲与美国的不同。确实如此，拉丁美洲和美国非常不同，无法比较。而有了全球销售管道之后，我们可以拿拉丁美洲和欧洲西南角的伊比利亚半岛（主要包括西班牙、葡萄牙等国）比较，它们很相似。很多与我们合作的拉丁美洲公司其实总部都在伊比利亚半岛。这时候，我们就可以质问为什么拉丁美洲的销售业绩更糟，从而找出其工作中的不足之处。类似地，我们可以比较巴西和俄国、印度、中国等金砖国家（BRIC），也可以把巴西和加拿大进行比较。不同的比较将有截然不同的结论。一句话，全球销售管道可以带来透明度和清晰度，从而对提高全球销售业绩发挥作用。”

惠普公司利用全球销售管道为整个公司和旗下三个事业部（企业解决方案事业部，个人电脑、工作站和移动设备事业部，打印及成像事业部）设立销售目标，也为不同国家和地区制定目标，甚至也为个体销售人员设立销售目标。以企业解决方案市场为例，在我们第一次采访安迪·马茨时（2008 年），全球的企业解决方案市场大约是 50 亿美元，而惠普公司占据了大约 8% 的市场份额。

作为全球最大的 IT 公司，惠普公司 8% 的市场份额并不高。如果总是从已有客户的角度自下而上来看，那么惠普公司的业绩就很难再增长；而如果能够从全球的角度自上而下来看，就可以发现惠普公司的业绩还有很大的增长空间。例如，如果惠普公司在企业解决方案市场的份额能够从 8% 提高到 10%，这看起来或许幅度并不大，但事实上是很大的增长，而且是完全可以做到的。

全球销售管道的数据还可以帮助惠普公司在考虑新的销售投资时进行科学的商业分析。安迪·马茨说：“你需要看看毛利与销售成本的比例，并问问自己这笔计划的销售投资可以额外产生多少毛利。只要整个市场还有空间、销售部门的回报还没有递减，此时驱动整个公司业绩的就是销售部门，我们就可以持续投资。”

奥利维·科勒告诉我们，全球销售管道的应用使得惠普公司内部产生了巨大的变化。因为销售经理、地区经理、国家首席代表，不管是谁，都可以开启这个系统，并直接打电话给相关人士来讨论。由于销售渠道管理全球一致，惠普公司的CEO任何时候都可以在网络数据库上确认公司在世界范围内的一些重要交易。而之前，这需要背后有很多人层层打电话和查数据来支持。

全球销售管道的应用还使得惠普公司不论是在全球维度还是区域维度，销售部门和市场部门的互动都大大加强，因为它们可以利用销售管道数据来对各种机会进行比较和分析。最重要的是，用安迪·马茨的话来说，全球销售管道已经变成挑战传统企业的强有力的工具。有了全球销售管道，企业的视角变成以市场机会为导向的外向视角，这与之前的内向视角完全不同。在这种外向视角下，市场机会成为企业投资的发起者，而非企业自身的产品、服务或者解决方案，这些都只是价值传递者。

需要指出的是，全球销售管道的数据不需要完全精确，而只要方向性正确就可以了。打个比方，如果你要节食减肥，你并不需要关心你的卫生间的秤是不是完全精确。只要你每天使用同样的秤，并保持适度的节食，就一定看得到效果。

在惠普公司，全球销售管道所带来的透明度还给销售人员流动带来了积极的效果，对销售和销售管理培训也是非常有益的。第一，它加速了自然淘汰，对于那些业绩排在末尾的销售人员来说，他们会更容易自然离开。第二，透明度可以促进惠普公司倡导的指导性文化，领导与员工之间可以更好地开展对话和辅导，这对于那些刚刚进入公司工作的新员工来讲尤其重要。

惠普公司的销售运作部门还通过严苛的“上岗许可证”和“管理许可证”等培训项目来提高销售人员和管理人员的表现。除了在全球范围提供培训以外，销售运作部还把管道管理和其他全球销售和支持流程联系起来，以促进销售机会发展成为销售线索，促进招投标的通过，并促进交易完成。

在惠普公司，销售人员用“客户意愿调查表”把客户的需求与惠普公司可以提供的产品和服务进行匹配。销售管道所提供的框架能够使销售人员集中注意力来思考客户需要解决的商业问题，而不是从公司的角度思考产品和服务。

客户往往乐意告诉企业其他竞争公司所提供的产品和服务。惠普公司的“客户意愿调查表”正是通过获取客户需求，从而帮助惠普公司与戴尔、IBM 等其他竞争对手进行差异化的解决方案定位。销售运行部门有责任支持销售人员，提供商业情报，把竞争对手能够提供的产品和服务信息以及客户在不同行业和不同国家的购买模式考虑进来。

比如在德国，招投标竞争往往非常激烈，销售运行部门要提供给销售人员关于该地区客户的购买偏好等信息。然后，销售人员要对客户说，“这是根据贵公司的需求制订的方案，并注明了贵公司所处行业大多数公司购买的各种方案的具体配置及其优缺点。”此后，销售人员需要继续跟进，与客户进行沟通，以更好地满足客户的商业需求。

奥利维·科勒说："为了推动与客户的沟通和对话，我们还在销售运行部门开通了所谓的'快速通道'。这个系统可以在两天之内为客户提供一个投标方案，并提供完整的产品配置和定价。"

在惠普公司，销售运行部门被分配如下任务：销售线索开发、客户知识管理、销售信息、销售培训、投标管理、合同开发等。这些任务既要实现销售执行力的持续进步，又要发展能够塑造销售部门未来的许多创新方式。对于推动销售的科学性，这些任务都有利于使销售过程更加以事实为根基，更可靠，更可预测。而这些任务也进一步推动了客户关系的艺术性。因为来自销售运行部的有效支持可以节约销售人员大量的时间，可以用来进一步发展客户关系。

持续进步和转型变革

在今天的商业社会，事倍功半是一个常常出现的挑战。事实上，销售部门只能在两个方面提升股东价值：要么减少成本，要么持续增长。这两个方面不是非此即彼的。优秀的销售领袖必须致力于这两个方面，促使整个销售组织得到长期发展。

目前，销售运行部已经成为惠普公司提高执行力和实施创新的专业知识中心，它最终的责任是把销售部门的生产力提升到行业领先地位。销售运行部的产品就是为公司和客户提供销售经验，这需要它关注双重目标，既要优化当前的运行，又要发展新的销售经验，从而给公司甚至给整个商业环境带来改变。

因此，惠普公司的销售运行部一直开展工程设计、执行及转型等任务。该部门事实上已经成为惠普销售部门乃至整个惠普公司的前方和后方办公室。所谓前方办公室是指销售运行部已经成为销售部提高效率的助手；后方办公室则是指销售运行部也可以给整个公司带来效率的提高。例如，前方办公室可以支持销售部门实现从通用型销售代表到专业型销售专员的转型；而后方办公室则可以处理之前谈及的“快速通道”式的招投标等具有重复性和可扩展性的任务。

关于销售运行部如何对公司其他部门产生积极的影响，奥利维·科勒提供了两个有趣的例子。例如，作为销售部门和市场部门的连接点，销售运行部帮助打印和成像事业部建立了与个人电脑和移动设备事业部相类似的产品结构，并帮助该事业部节约供应链成本。又如，与惠普公司经常收购小型软件和硬件公司来提供更多更好的客户解决方案类似，销售运行部则会帮助使收购过程更加标准化，并在 90 天之内就把收购过来的新产品和服务整合到惠普的全球销售通道中。

惠普公司销售运行部在前方办公室和后方办公室的人员比例是不一样的，这由销售团队遇到的挑战和区域性市场的特点决定。例如，如果企业要转型为高密度销售覆盖，则需要对前方办公室进行规模化和优化，减少每个销售人员所负责的客户数量。又如，在美国、加拿大、西欧等发达国家和地区的市场有很大程度的重复性和可预测性，所以惠普公司配备的人员比例是 20/80，即前方办公室 20%，后方办公室 80%。相反，在高速发展的发展中国家，惠普公司会配备更多的前方办公室的人员，以帮助公司找到方向感，找出什么是可行的，什么是客户喜欢的。

每个季度，奥利维·科勒都会检查前方办公室和后方办公室人员比例的有效性，以及销售运行部门内部负责执行、工程设计、转型变革等各项职能的用工人数。每隔一两年，奥利维·科勒还会开展更为严格的评估，以确保一切进展良好，尤其关注销售机会、销售线索、招投标、交易完成等关键业绩指标。

在惠普公司，销售人员花在客户身上的时间多少是一项关键指标。正如诺贝尔文学奖获得者伍迪·艾伦（Woody Allen）所言，人生百分之九十的时间都是出现在别人面前。安迪·马茨认为，只有经常出现在客户面前，销售人员才能卖得更多。

首先，与客户的见面时间是第一衡量标准。如果销售人员和客户在一起见面并喝酒，这就是不错的表现。而如果销售人员和客户只是在一起见面就能谈成生意，这就更好了。

其次，销售时间的衡量标准还包括虽然没有与客户见面，但为客户提供了新的价值的时间，例如销售人员在办公室为客户进行规划和提出方案的时间。相反，有些时间即便与客户在一起，如果没有提供任何价值，这样的时间也是无效的。

对于奥利维·科勒来说，他所面临的一个棘手任务是如何平衡执行力和转型变革力。为此，他特别成立了一个“救火队”来解决每天的日常问题，并成立了一个“长期团队”来解决转型变革的问题。

科勒解释说：“我一直告诉我的部门员工如何更好地执行以及更好地转型变革。这是两件不一样的事情：执行力是日常衡量指标，要保持效率；而转型变革需要冒险，要有改变整个游戏规则的精神。我担心的问题是，如果我们的公司结构和流程太过于死板和严苛，我们的转型变革能力和适应能力就会变弱。所以我们要在与竞争对手的比赛中，提前进行转型变革。而要转型变革的话，往往就得有破坏，但这是可以接受的。所以我们日常的衡量指标就是公司的持续进步，长期的衡量指标是公司的转型变革。在这二者的关系上，我们不能过于天真，我们首先还是要保证执行力。只有执行力过关，才有转型变革的可能。”

与任何变革都会遇到阻力一样，惠普公司向全球销售管道的转型变革也不可避免地遇到了消极对抗。在惠普公司决定把全球管道作为销售过程的一部分之后，它仍然需要一定的组织变革，包括销售运行、管理层入股和新型激励方式等，才能使得整个销售部门接受并调整自己的行为来适应全球销售管道。

在惠普公司，新的销售运行部门在内部一开始也不受欢迎。原因很简单，全球销售管道的推出需要改变销售团队的行为，这自然导致销售团队一开始的抵制，但这又是非常必要的。因为如果销售团队不在全球销售管道中，那整体就不完整了。所以惠普公司首先需要销售管理层来接受它。如果销售数据不在全球销售管道中，那销售管理层就根本不会去查看全球销售管道并进行预测。

在全球销售管道的概念出现之前，惠普公司有集中管理的数据库，但是销售人员总是找理由解释为何他们的业绩数字不在数据库里，以及为何他们的表现和公司预想的不一样。现在，整个惠普公司只有一个地方可以查，销售人员不用浪费时间解释自己的业绩，他们只要花时间解决自己在整个全球销售管道中的业绩差距就可以了。

向全球销售管道的转型变革是非常具有挑战性的。因为每一个销售人员都有自己的思想，每一个个体都有自己处理问题的方式。所以，全球销售管道要求每一个销售人员要公开整个过程并预计他们无法完成的部分，这个过程一开始确实令他们非常不舒服。销售人员原来的思维方式是“我了解我的客户，我的业绩也不错。我的业绩数据要么在我的大脑中，要么在我的个人电脑中”。正因如此，销售管理人员无法随时看到每一个销售人员的业绩并拿出来与其讨论。

现在，通过全球销售管道，惠普公司改变了大多数销售人员的这个想法。销售代表或者客户经理必须比任何人更了解客户，而且还要把这种了解向惠普公司所有人公开呈现出来。

奥利维·科勒这样总结惠普公司提高销售科学性的做法：“我深信销售运行部是整个销售部门改变的载体。很多公司都认为销售运行部是策略性部门。这听起来很不错，但是还不够好。在惠普公司，我们利用销售运行部来进行一场改变游戏规则的转型变革，既涉及执行层面，又涉及创新过程。我经常告诉员工，只有当你在执行层面表现突出，才能有资格谈论转型变革。如果执行一团糟，就没有资格谈创新。我们想要转型变革，是因为这是智力上更高的一个挑战。但是这是你争取来的，不是天上掉下来的馅饼。”

从日常指标到过程创新，惠普公司给予销售运行部门极大的信任。这种对执行力和转型变革的双重聚焦使得销售运行部更有活力，而更有活力的员工就会带来更好的业绩。在惠普公司，销售运行过程已经不能仅仅以效率来衡量。

尽管惠普公司的销售运行部非常优秀，但奥利维·科勒觉得仍然需要进一步提高。在他看来，销售运行部需要不断用新的科学和技术来促进销售部门实现自给自足和自我服务，并提升销售人员和客户的关系。“今天我们有很多人员在帮助销售团队，因为我们没有给销售团队提供足够的资源以使之自给自足。很多公司用销售运行部门来弥补销售团队的不足。在我看来，这种模式不合适。我们需要向机场那样设置自动值机的设备。虽然当这种设备刚刚出现时，很多人也很难接受，但是现在大多数人都离不开它了。下一步，我希望让销售团队在投标配置和投标管理时多用移动设备。运用移动设备的目的是进一步提高生产力，而非降低生产力。这永远是最大的挑战。”

奥利维·科勒的想法并非空中楼阁。惠普公司在过去多年里一直在进行一项转型变革，即通过移动设备，让销售人员实现自给自足、自我服务，而这很可能在将来改变整个销售行业。随着时间的推移，我们将会很欣喜地看到这个项目带来的发展和变化。

下面，我们来探讨其他的顶级销售组织如何提高销售的科学性和客户关系的艺术性。

如何实现销售的科学化

惠普公司不是唯一一家建立和持续改善销售流程的公司，很多其他公司也致力于实现销售的科学化。比如，霍尼韦尔公司在 21 世纪也进行了巨大的转型，致力于发展科学的销售渠道管理，在提高科学性的同时，也进一步提高了其客户关系的艺术性。

从销售线索到交易完成，霍尼韦尔都通过一个被称为“科学销售流程”的活动和决策矩阵来组织其销售活动。这个销售流程有五步，而且每一步都有很多细节和组成部分：第一步到第三步组成了销售流程的准备阶段；第四步是解决方案开发阶段，公司会站在客户的角度努力争取竞争中的比较优势；第五步，最终完成与客户的协议。

在以上五步中，霍尼韦尔的销售流程很清楚地定义了每一步的商业目的、关键任务、工具组合、完成任务的负责人、继续努力还是放弃努力的决策点，以及想要的结果（见表 3–1）。

表 3–1 霍尼韦尔的销售科学

	第一步	第二步	第三步	第四步	第五步
机会状态	联系客户	确定要求	投入资源	解决方案开发	最终谈判
商业目的	发现客户需求	认定机会	提供资源，并展现投入度	解决方案成型	合同细节成型
继续努力还是放弃的决策点	认定：交易对双方是否都有价值？	统一：客户和公司对项目是否有统一的要求和标准？	定位：公司是否成为客户的选择，或已在客户供应商清单上？	差异化：公司是否可以有最好的解决方案？	谈判：合同签署了吗？
结果	签署决策日程	确定标准和要求的文件	购买意向书	框架协议	正式签约

第一步，联系客户。其商业目的是发现客户需求，并寻找交易对客户和公司双方的潜在价值。决定公司是继续努力还是放弃的决策点是：能否使公司有能力竞争？能否实现交易双方的共同价值？在这一步，想要的结果是客户和公司双方都签署一个决策日程。如果无法实现交易双方的共同价值，公司就会选择放弃该潜在客户，然后把销售力量投入更有潜力的销售线索上。

第二步，确定要求。其商业目的是进一步研究该销售线索，并决定公司是继续努力还是放弃。在这一步，想要的结果是客户和公司签署一项确定要求和标准的文件。如果不能签署共同文件，霍尼韦尔就会放弃这个销售机会。

第三步，投入资源。交易双方都需要投入资源。其商业目的是公司要展现其对客户的投入度，与此同时，客户也要对公司有潜在的投入。决定公司是继续努力还是放弃的决策点是公司在客户眼中的位置，也就是客户是否对公司有积极正面的态度。在这一步，想要的结果是一份客户购买意向书，或者客户把公司放入供应商清单里。没有的话，霍尼韦尔就会停止投入销售资源并放弃。

第四步，解决方案开发。其商业目的是展现公司相较于竞争对手的优越性。决定公司是继续努力还是放弃的决策点是公司是否比竞争对手有优势：与竞争对手相比，公司是否可以有更好的解决方案？在这一步，想要的结果是签署一份框架协议书，否则也会放弃。

第五步，最终谈判。这个时候，交易已经不太可能失败，因为双方的投入都在增加，并且随着前面几步的发展在加固。这一步的商业目的是合约的最终确认。决定公司是继续努力还是放弃的决策点非常清楚：签协议。在这一步，想要的结果是销售的成功，而这几乎是完全可以保证的。

下面，我们一起来研究惠而浦和索尼电子是如何同时提高销售的科学性和客户关系的艺术性的。

对抗同质化之路

在任何一个行业，如果有同质化的趋势，价格竞争往往会严重腐蚀客户的忠诚度。对于家用电器和电子行业来说，似乎都跳不出这条法则。但是在惠而浦公司和索尼电子，它们却都没有受此影响。它们都有一个更具生产力和更科学的销售流程，大大提升了客户关系，并帮助它们成为行业里的最优品牌和市场领导者。

家用电器和电子行业有很多共同点：两个行业的公司都有两种不同的客户群体，即最终消费者和零售商。对于消费者来说，企业主要是通过广告和促销信息来影响他们的购买。对于零售商而言，不论是西尔斯（Sears）、沃尔玛这样的全球零售巨头，还是劳氏（Lowe's）、家得宝（The Home Depot）和百思买这样的大型连锁店，抑或各地区经销商，企业都是通过直接销售、电话销售和互联网销售实现的。

家用电器和电子行业这两个行业都主打功能型产品，很容易在不同的公司里出现设计类似的产品。设计方面的最大差异并非显而易见，用户所能体会到的差异更是微乎其微。很多时候，产品创新点会很快被别的公司模仿并生产出同样的东西。

索尼电子高级副总裁肯·史蒂文斯说，索尼公司很难再像以前那样保持产品的特色和差异性。所有数码相机或者平板电视看起来都差不多，大家都在抄袭和模仿市场上最时尚最美观的设计。你必须仔细研究，才能发现产品差异，例如自助式的安装和运行、产品如何和其他产品匹配、产品如何与无线网络连接、DVD 播放器识别速度、杜比 5.1 或者 7.1 立体声环绕，等等。这些都是非常重要的用户体验，但是很难第一眼就发现。结果就是用户很难发现索尼产品的独特性。

家用电器行业也面临同样的问题。正如惠而浦公司北美销售副总裁山姆·阿布德努告诉我们的那样，在白色家电领域，消费者很难注意和察觉到不同品牌产品之间的差异。一位曾经参与惠而浦公司焦点组访谈（Focus Group）的女士告诉我们："购买家电就如购买铲子一般，它们外观看上去几乎一模一样，价格也都差不多，买任何一把铲子回家都可以用来挖洞。"

零售商并非只是被动地把产品传递给最终消费者的渠道。用阿布德努的话来说，零售商也想通过和品牌商合作一起来做广告促销。零售商还充当了守门员的角色，它们决定什么产品可以放在货架上。对于很多零售商，由于它们采用自营而非品牌商销售团队驻场的策略，其销售团队是直接和消费者发生互动的。虽然消费者进入商店时会有一定的品牌倾向，但是零售商可以在最后的时刻改变消费者的购买习惯，以适应自己的产品推销。家用电器和电子产品制造商深谙这个道理，所以经常会提供分成（销售业绩表现分红）来刺激零售商和其销售人员促销其产品，从而超越其竞争对手。

为了克服上述缺乏差异化的问题和零售商壁垒，索尼电子和惠而浦都把目光瞄准了其销售部门。索尼电子高级副总裁肯·史蒂文斯说道："光有一个好的品牌和好的产品是远远不够的。我们很幸运已经拥有了这两者，但是这也不能解决问题。我们的产品很多，而且好像在一个正态分布上：其中有 10% 的产品因为自身非常优秀而非常容易销售，还有 10% 的产品则因为自身原因根本无法销售，真正需要我们花时间的，是剩下的 80%，也就是中间的那部分，那才是我们竞争的关键和需要打破的节点。一个高效的销售部门可以解决这个问题，但是销售部门必须找出产品差异性——不是以产品为中心的差异，而是产品的附加值。我们的品牌价值、服务价值，还有我们的长远战略等才是零售商愿意与我们合作的关键。因为我们会帮零售商实现更有价值的将来，而这是我们的竞争对手无法帮它们做到的。我们产生的额外价值只能通过我们的销售部门，而不是产品本身。"

阿布德努说："因为大家的产品都有不错的质量，所以我们得重新找到优势。而销售部门可以解决这一困境，只要突破了这一点，公司就有救了。"

为了在日益同质化的时代赢得一席之地，惠而浦和索尼电子都建立了销售前线根据地。销售前线团队必须深刻理解最终消费者并提供解决他们需求和愿望的优秀解决方案，目标是让用户体验也成为品牌的一部分。销售前线团队也必须知道，要不断创新与零售商做生意的方式。

惠而浦公司主要通过由市场部和销售部一起进行焦点组访谈来深入理解消费者。由于非常迫切地想要应对同质化的威胁，惠而浦一开始尝试通过增加消费者希望增添的商品功能和属性来实现差异化，并成为“家用电器之王”。然而，增加很多新的产品功能和属性大大增加了服务和维修问题，这些都与惠而浦过去令人羡慕的运行表现不符。更为可怕的是，很多竞争对手采用快速跟随策略，在其产品上增加同样的功能和属性，从而导致惠而浦无法持续拥有领先优势。

更严重的问题是，惠而浦原以为可以通过零售商来推动客户的增长。惠而浦告诉零售商：“我们会给予消费者足够信服的理由让其购买惠而浦的产品。你只需要提供惠而浦的产品，因为我们有足够自信，消费者要么从零售商店购买，要么从其他地方购买，但是购买的一定是惠而浦的产品。”

然而，一开始，事情并非如惠而浦所愿，因为这只有在零售商愿意配合的情况下才可能实现这一目标，如果零售商不愿意配合，它们完全可以推销其他品牌的产品给顾客。

阿布德努解释道：“意识到这一点之后，我们就放慢速度，开始更清晰地关注客户，真正做到以客户为中心。”

在后来很长的一段时间里，惠而浦的高层管理人员一见到销售人员就问：“你今天和客户沟通过了吗？”

而销售人员的答案通常是：“我跟某人谈过了。”通常，销售人员谈的对象都是零售商。

这时候，高层管理人员会进一步说："不，我的意思是最终用户。你今天和他们沟通了吗？"

花了很大的努力之后，惠而浦公司终于改变了销售人员的思考模式。每个销售人员最后都明白，要区分零售商和最终用户这两个不同类型的客户。

研发部门的努力，加上营销和销售部门从焦点访谈组获得的调研结果，这些为惠而浦公司指明了方向，即根据消费者生活方式的需求和愿景来重新思考产品种类和单一产品，而不是思考产品本身。实际上，这些调研帮助惠而浦能够随着消费者与社会的变化而不断创新，与消费者保持一致。例如，惠而浦为全球消费者带来了三大品类的优秀产品：纤维维护（洗衣机，烘干机，熨烫机）、食品保存（冰箱）以及食品准备（微波炉和灶具）。

通过好几波的产业全球化和整合，从 20 世纪 80 年代中期到 21 世纪初，惠而浦收购了包括凯膳怡（KitchenAid）、美泰克（Maytag）以及 Jenn-Air 等在内的一系列著名品牌。同时，为了保持新产品类型的开发，惠而浦公司还对旗下不同品牌进行了不同的定位，把惠而浦这一主品牌定位为"活跃的平衡者"，把凯膳怡定位为"家居激情者"，等等。最后，随着诸如迷你洗衣机等新产品的问世，惠而浦公司也成功地创造了与消费者有情感联系的家电产品。比如，一个参加焦点组访谈的消费者曾经称她的洗衣机为"我的小帮手"。

技术与产品一直在创新，但对于惠而浦公司的销售部门来说，一个重要的理念一直没有变：要深刻理解最终消费者的需求，并将之和零售商进行很好的互动。

索尼公司也同样经历了这样的两个阶段：首先，提升公司对消费者的理解；其次，和零售商进行良性互动。

索尼的业务现在已经从电子行业延伸到了娱乐行业。在索尼公司，行业领先的消费电子产品技术只是实现目标的一个手段。索尼电子高级副总裁肯·史蒂文斯告诉我们，索尼“已经过了专注硬件设备的阶段，进入硬件和软件并重的时代，同时也已经进军娱乐产业。消费者认识到我们是一家娱乐产业公司，所以他们把空余时间留给我们。没有什么产品比客户的时间更珍贵的了。如果我们破坏了这种信任，就是我们最大的失职。”

史蒂文斯也捕捉到了在宽带连接时代和移动互联时代消费者发生的变化。在20世纪80年代和90年代初期，索尼只能暗示消费者“你需要什么产品，索尼可以提供给你”。但是现在索尼传递的信息是：“你想要做什么，索尼可以帮助你实现。”

要做到这一点，索尼公司需要和零售商沟通如何在商店里更好地提升客户体验。同时，索尼销售部门还和索尼零售店、索尼官网联合推出“揭秘索尼产品”系列活动，以获得消费者洞察。

史蒂文斯详细解释道：“除了包装盒里的产品，还有更多包装盒之外的东西对消费者的决策起作用。例如，消费者很难区分蓝光DVD光盘和其他格式DVD光盘的优劣。但是消费者都会告诉你，他们希望观看高清电影。了解了这一点，我们就必须确保蓝光DVD的高清晰度，以及蓝光 DVD 播放器和高清电视显示器之间能够轻松连接。‘揭秘索尼产品’活动非常成功，因为消费者在整个过程中被赋予了很大的权力。消费者在索尼的网站上每天可以产生 170000 条博客信息。大家都非常乐意告诉你他们生活中发生的事，他们之前未曾有过的体验，以及他们对于未来的想法。”

根据索尼公司的研究，在购买电子产品之前，85% 的消费者会在互联网上先搜寻信息。由于互联网上的信息并非完全可靠，消费者经常会在这个搜寻过程中迷失。这正是索尼公司试图揭秘产品的原因，使复杂的技术变得透明，帮助消费者不错失最新电子设备可以带给他们的享受。

为了做到这一点，索尼致力于确保其官网能够在客户购买前和购买后回答所有的问题。“不仅因为我们拥有所有的信息来支持购买过程，”史蒂文斯说道，“而且在消费者购买索尼产品之后，消费者可以在索尼 101 网站上轻松了解如何获得索尼产品的最好体验。索尼赢在售后，而不仅仅赢在售前。索尼最终的目标是使得消费者体验也成为品牌属性。所以，不仅仅是因为消费者信任索尼，而是消费者与索尼的持续互动使得消费者都会继续回来找索尼。”

史蒂文斯还特别强调了索尼公司向消费者直销的方式，包括官方旗舰店和网上商店。现在，索尼已经在美国建立了 41 家索尼官方旗舰店。

作为索尼电子产品的“消费者娱乐实验室”，索尼官方旗舰店和网上商店既是索尼聆听消费者需求的场所，又是索尼告知消费者其所提供的娱乐产品的门户。通过旗舰店和网上商店，索尼可以直接向消费者传递信息，同时，消费者也可以直接传递信息给索尼。

在索尼官方旗舰店，索尼的三个目标是：品牌、引导和收入。在这三者里面，收入反而是考虑的最次要因素。例如，有些消费者希望货比三家，去百思买或者其他零售店去比较价格。对此，索尼旗舰店不仅不会阻拦，还会主动说出其他零售店的优点。因为，与销售相比，索尼官方旗舰店最关心的是和消费者进行互动，对消费者进行引导。对于索尼而言，消费者不管是在索尼官方旗舰店购买索尼产品，还是去别的零售店购买索尼产品，二者并没有差别，只要消费者购买索尼产品就好。

由于惠而浦公司和索尼公司对最终消费者的深入了解，它们也开始运用这些消费者洞察来提升其零售商的忠诚度。阿布德努说："正如我们对消费者的变化越来越了解一样，我们也越来越清楚如何做出改变来赢得并增加消费者对我们品牌的忠诚度。同时，我们意识到，如果我们能够帮助合作零售商做出相应的改变，我们就能从原来只是产品制造商的身份转型为一个可以信赖的合作伙伴。"

谈及如何利用销售部门所拥有的消费者洞察及其在供应链领域的专业知识所带来的潜在好处，惠而浦公司销售总监戴维·普罗沃斯特说："我们想和零售商坐在谈判桌的同一边，然后一起去看桌子另一边的消费者，然后把我们的知识资本融进与零售商的关系网中，让大家一起改善各种业务。这种方式可以提高品牌商和零售商双方的业务，并提高消费者对品牌商和零售商双方品牌的忠诚度。"

索尼公司也意识到这一必要性。史蒂文斯说："我们要让每一个零售商把停业时间变成正常营业时间，让每一个消费者把下班后的自由时间变成快乐时间。这是我们作为娱乐行业领袖的使命。"

正是这种成为零售商信赖的合作伙伴和被零售商认可的行业领袖的决心，使得惠而浦公司和索尼电子公司能够明显区别于其他竞争对手。惠而浦是家电行业率先提出"零售合作伙伴"这一概念的企业，并一直和零售商维持良好的关系。同样地，因为品牌地位和产品的广度，索尼电子公司通常可以占据一个零售商 50% 的业务。根据此特点，索尼公司建立了长期的战略，不遗余力地和零售商开展对话，通过零售商的成功和增长来推动索尼自身业绩的增长。

因此，惠而浦公司和索尼电子公司一直与其各自行业内的零售商有着坚实的信任基础，从而赢得了零售商对其激进销售模式的支持。

从批发零售到销售流通

正如我们一直强调的，科学的销售过程更基于事实，更可靠，更可预测，从而也使得利润更可观。索尼公司和惠而浦公司对其销售流程所做的变革，都说明了这一点。

阿布德努于 20 世纪 70 年代末大学毕业加入惠而浦公司，当时的销售流程是传统的批发零售（sell-in and sell-out[①]），那时候惠而浦公

① sell-in 指生产商把产品卖给零售商，即批发；sell-out 指零售商把商品卖给消费者，即零售。——编者注

司认为能够一次性大批量购买产品的零售商就是公司忠诚的零售商。它把产品整批出售给零售商，把它们的仓库填满，于是它们不得不全力销售惠而浦公司的产品。一般情况下，惠而浦公司会一次性出售给零售商 5 个月左右的库存量，随后除非它们有补货需求，否则交易过程就结束了。

然而，这样的销售流程对于制造部门、财务部门以及公司上上下下都很痛苦，因为这样的销售流程非常影响公司的现金流。对于零售商来说，这样的销售流程同样非常痛苦：没有出售的库存其实只是没有任何财务回报的冷冻资产。从 20 世纪 80 年代中期开始，随着全球同质化趋势的加深和折扣竞价对于家电消费市场压力的增加，这种商业模式的缺点越来越明显。

类似地，在消费电子行业，以“填满零售商的仓库”为特点的传统批发零售的销售模式，在 20 世纪 90 年代也经历了同样的动荡。而且，消费电子产品从传统的模拟技术到数码技术的转型也给该行业带来了额外的压力，数码技术使得山寨制造商更容易复制领先品牌的产品，并以更低的价格出售。

有趣的是，尽管身处不同的行业，惠而浦公司和索尼电子公司都认识到，一个更加可持续的销售模式是这样的：越来越少的批发零售，越来越多的销售流通（sell-through）[①]。要想获得零售商的忠诚，关键并非用产品去填满它们的仓库，而是帮助它们更好地提高业务，

---

① 销售流通指渠道营销中产品从总代理销售给下级代理直到终端零售商的过程。——编者注

更好地计划和预测。零售商的库存越少，利润越高，那么品牌商的库存也会减少，利润增高。

史蒂文斯看到了“以需求为本的销售”带来的无穷潜力。“传统的批发零售模式弊端太多。如何帮助零售商解决它们的库存？我们要寻找其他方式，使品牌商和零售商都赚钱，以展示我们有别于其他制造商的价值。我们认为最好的方式是通过供应链流程来实现这一点。”

在惠而浦公司和索尼公司，都是销售部门在领导这场从批发零售到销售流通的改变。传统上，大多数企业把精力集中在如何把产品从自家的仓库推销到零售商的仓库。然而，如果不能清空零售商的仓库，也就意味着品牌商不能清空自己的仓库，因为大家的仓库都是满的。

在理念改变之后，索尼公司的销售人员再也不向零售商要求必须一次性大批量买进索尼的产品。相反，索尼的销售人员会对零售商这么说：“不要一次性买 1000 件我们的产品，你们可以先采购 100 件，然后把工作重点放在创造顾客需求上。我们会额外给你们占销售额两个百分点的广告费用和一个百分点的折扣，以帮助你们创造顾客需求。有了强劲的顾客需求，你们就会发现，你们采购的 100 件产品很快就会售罄，然后你会主动要求采购 1000 件，因为你们知道消费者在等着买。”这种方法很快被证明是行之有效的，并获得了零售商的热烈欢迎。

为了与零售商分享供应链的专业知识，销售部门首先必须具备这方面的专业知识。惠而浦公司通过在销售部门内部开展培训就可以做到这一点，因为惠而浦公司已经通过多次的全球收购拥有了供应链上的各个环节，包括采购、制造和设计等。

而在索尼电子公司，销售部门则需要从外部寻求帮助。在索尼公司决定改变方向、集中注意力在供应链上之后，索尼公司认识到自己并不了解供应链。为了弥补这个差距，索尼公司四处寻求最好的专业知识获取方式，发现田纳西大学有全美国最好的供应链专业，以及全美国最著名的供应链领域专家约翰·梅尔泽（John Meltzer）教授。

在和约翰·梅尔泽教授进行初步接触和咨询之后，索尼公司决定派遣所有的销售代表到田纳西大学完成六个供应链管理领域的课程，从最基本的需求预测，到区分有无适应性平衡的供应链的差别等。慢慢地，索尼公司逐渐可以在公司内部开展关于供应链专业知识的培训，并且还为零售商提供供应链培训。

最后但并非最不重要的一点是，惠而浦公司和索尼公司都必须说服零售商接受这种新的销售模式。

如何获得零售合作伙伴的信任和忠诚

为了推动零售合作伙伴更加关注消费者购买体验，惠而浦公司北美销售副总裁山姆·阿布德努领导了一个团队，包括销售总监戴维·普罗沃斯特在内，和公司最大的一个地区零售合作伙伴开了一个全天的会议。

阿布德努说：“我们开始展示各种数据，包括惠而浦公司和其他竞争对手公司比较后的平均销售额和平均售价，以及各零售商的库存程度和库存周转情况。这时候，我们的零售合作伙伴站了起来，走到投影屏幕前认真看，很长时间没有说一句话。最后，他问道，‘你们从哪里得到关于我们业务的这些信息？’我告诉他，‘就是从你这里啊。你和你的竞争对手每天都会发送销售额给我。然后我们就可以整合信息，利用内部和外部资源，然后变成有用的数据呈现给你。’”

类似地，惠而浦公司会和所有零售合作伙伴分享这些信息，帮助改善整个零售商市场，而不只是特定的某些合作伙伴。

除了分享这些有用的数据信息，惠而浦公司还会利用一些焦点组访谈研究成果，向零售合作伙伴分享消费者洞察。例如，当某个名为琼斯的女士在购买家用电器时，她关注的不仅仅是产品性能，产品设计风格甚至颜色对她来说也都很重要，更重要的则是她的购买体验。

阿布德努经常把这些消费者洞察详细解释给他的零售合作伙伴：“让我们来看看琼斯女士是如何看待你们的销售购物环境的。她特别讨厌你们那个黑暗的停车场。她看到你们的销售人员在门口抽烟，表示非常反感，特别害怕发生火灾等意外。她很担心由于电冰箱等各种家电堆在你们商店的过道和角落，一旦发生火灾等意外，她可能无法很快逃生。”

正是通过与零售合作伙伴分享重要的业务信息和消费者洞察，惠而浦公司的零售合作伙伴们都受到了震撼。它们开始希望跟惠而浦公司开展更紧密的合作，包括完成商店设计和展品摆设、发现更多吸引客户的方式，以留住客户。

为了鼓励零售合作伙伴进一步改善业务，阿布德努还会亲自去零售合作伙伴大会现场面对数千名零售商演讲并和他们交流，与他们分享惠而浦公司是如何致力于提高产品竞争力和消费者购买体验的。现在，惠而浦公司甚至还和零售商们共同解决消费者反映的问题，而不是留给零售商独自去面对。

通过这样的努力，惠而浦公司得到零售合作伙伴的热烈欢迎。阿布德努还清晰记得上一次在美国佛罗里达州奥兰多召开的全美家电订货大会：“那是一个没有季节感的非常炎热的2月，气温高得感觉像酷暑，同时还特别潮湿。当时我在给1200个零售商演讲。我一开始还担心他们是否能够接受我所说的这种理性的管理企业方式。结果，那次大会成了惠而浦公司销售部门发展历程中一个重要的里程碑。在那次会议上，惠而浦公司收到了400多家零售商的请求，希望惠而浦公司能够帮助评估它们的业务，帮助它们更好地理解消费者，并希望惠而浦公司提供更好更丰富的数据给它们。从此，惠而浦公司在零售商眼中开始变得与众不同。”

当然，并不是所有的零售商都有这么热烈的反应。普罗沃斯特有一次向一位零售商反馈说消费者不喜欢它的购物体验，尤其是产品选择非常困难。这位零售商回答说：“这有什么问题吗？我就是要让消费者在产品选择上有困难，他们才会来寻求帮助，我们才能根据库存推荐产品给他们，这样我们才能赚钱。这不是大家都共赢吗？”

普罗沃斯特回答说：“消费者正在变得更加理性和有经验。如果你的购物体验不好，即使这一次消费者上当了，以后这位消费者也几乎不可能再回来了，而会成为你的竞争对手的忠诚顾客。”

综上所述，通过这样的对话和沟通，惠而浦公司和零售合作伙伴之间建立起良好的信任和忠诚的关系。如果某个零售商和惠而浦公司之间的信任还有达到期待的程度，惠而浦公司就会持续和该零售商开展对话。事实上，很多零售商在和惠而浦公司的接触中，会经历同样的过程：第一次见面后，零售商会非常震惊；第二次见面就好多了，因为它们对惠而浦公司要说的信息已经有所了解；第三次见面，这些零售商往往希望得到更多，它们甚至主动提供关于它们业务更详细的数据，以期获得更多的消费者洞察，以及如何提高业务的更多建议。

现在，惠而浦公司和零售合作伙伴的互动越来越频繁。例如，惠而浦公司开始帮助很多个体零售商进行消费者焦点组访谈。因为，除了销售数据之外，消费者对零售商的反馈也很重要。这可以帮助零售商有针对性地提高消费者购物体验。又如，惠而浦公司开始帮助零售商重新做家电设备的展列，甚至设计了模拟消费者家庭的样板间。这样做的成本非常高，因为只有很少的产品会被展示。但是，如果把空间转换为更高的平均单价，那么这对于初期的投资也是值得的（想想大卖场的衣服和奢侈品店橱窗里的衣服）。正是通过这样提高销售的科学性，零售合作伙伴对惠而浦公司的信任度和忠诚度越来越高。

在索尼电子公司，也不是所有的零售合作伙伴一开始都能看到这种销售流通模式的有效性。有些零售合作伙伴还是非常传统的家族式经营，其中一部分甚至已经面临生存困境。史蒂文斯认为，“这是因为他们看不到未来的趋势，不愿意做出必要的改变”。

但是更多的零售合作伙伴，包括百思买、西尔斯、沃尔玛、凯马特（Kmart）、塔吉特（Target）等大型零售商，以及一些独立的地区性个体零售商，在索尼的引导下，逐渐接受了同样的观念。于是，索尼与这些零售合作伙伴建立了销售流通全新合作关系并一起取得巨大的成功。索尼电子用另一种方式告诉零售商在这样一个家电设备价值迅速流失的时代赚钱的正确方式。

值得一提的是，提高销售的科学性并不仅仅适合高科技行业。在重新定义与零售合作伙伴关系的过程中，与本书前面章节提到的思科、惠普、施乐、联邦快递、霍尼韦尔等企业一样，惠而浦和索尼也都致力于发展重要的战略大客户。它们把精力集中在与全国大型零售商和大型区域连锁商建立合作上，因为这些大型机构可以在零售行业发挥最大的影响力，取得最大规模的客户，并发挥最大的作用。

内部销售资产管理

索尼公司和惠而浦公司都在改变其零售合作伙伴管理库存的方法。这两个公司的销售部门都有创新性的外部资产管理方式。为了更好地利用这个销售模式的优点，它们还需要用创新的方式，管理内部销售资产。与其他优秀的销售组织一样，索尼和惠而浦都懂得把正确的资源放在合适的销售渠道的重要性。而更重要的是，要通过提高销售的科学性，来进一步推动客户关系的艺术性。

对关键大客户如百思买、西尔斯、凯马特、塔吉特和沃尔玛，索尼公司会为它们提供一个专门的供应链小组，有针对性地开展服务。对于地区性零售连锁机构，索尼公司虽然也提供充足的资源，但是并没有专门的服务小组，它有一个流动的60人小组为这些中小型零售商提供服务，包括确保产品正确展列，以及零售商销售人员的培训等。另外，索尼公司还把以前传统的电话销售团队改组为整合销售网络团队。这个团队不仅负责为小型个体零售商提供服务，同时也为一些一次性购买金额高达数百万美元的零售商提供服务。

在管理不同渠道的问题上，索尼非常重视不同零售合作伙伴之间的差异和相互依赖性。例如，索尼历史上最著名的创新产品之一有机发光二极管（OLED）电视机，一开始只能通过拥有专业、高端的视听设备的商店出售，经过相当长时间才进入大众市场。这种不同渠道的产品融合，帮助索尼公司成为在百思买连锁店里最受大众信赖的品牌之一。

为了保证供应链从索尼公司到零售商再到最终消费者的良性循环，销售团队的薪酬和激励体系也需要相应的变化。当索尼电子决定把销售流程从传统的批发零售转型为销售流通时，负责该转型过程的索尼公司电子消费品销售部总裁罗恩·博伊尔告诉我们，索尼销售团队的薪酬和激励体系进入了一个全新的阶段，其中销售人员50%的薪酬激励是基于零售商提出的指标需求，比如按时送达、保证库存有货、库存边际收获等最主要的零售业务表现指标，以及销售预测的准确性。

索尼公司对销售人员薪酬和激励体系的调整为企业如何将销售的科学性和客户关系的艺术性结合起来提供了很好的例子。要想真正做到这一点，企业不仅要识别哪些是创造和传递顾客价值必需的行为，而且还需要用具体的项目和工具来支持这样的行为，只有这样才会取得积极的结果。当索尼公司的销售流程从传统的批发零售转型为接近零库存的销售流通时，所有销售人员也都意识到他们需要根据零售商关心的那些指标，重新与零售商建立关系。其中，新的薪酬和激励体系对推动索尼公司销售流程转型起到了重要作用。因为，当你改变了每个人薪酬激励的依据后，改变他们的行为就很容易了。

在惠而浦公司，当其销售流程从传统的批发零售转型为销售流通时，为了更好和更全面地利用这种全新的销售流程，惠而浦公司还需要根据不同的零售商重新调整销售资源。其中，最重要的一点便是关键客户管理。

具体来说，这种调整需要把曾经分配给小型客户的部分资源转移给更大型的关键客户，主要是全国性和地区性的连锁零售商。而对于那些小型零售商客户而言，虽然它们传统上都习惯有销售人员与其面对面交谈或者通电话，但是惠而浦公司决定加强互联网电子销售，以提高小型零售商的满意度。

传统上，小型零售商希望与惠而浦公司的销售人员进行电话沟通。但是电话常常打不通，因为销售人员都在跟更大的客户进行电话沟通。于是小型零售商就会通过语音信箱留下问题和需求。然而，很多问题销售人员无法马上回答，他们还需要找相关部门的同事去研究，于是销售人员也给相关部门的同事的语音信箱留下信息。等到相关部门的同事完成那些问题的研究并回复销售人员留下的语音信息之后，销售人员才能打电话给那些小型零售商以回答他们的问题……这样的结果就是：效率低下，过程冗长，小型零售商满意度低。

自从惠而浦公司利用互联网和呼叫中心提供电子销售解决方案后，小型零售商们可以第一时间获得答案。因为呼叫中心的人员随时可以从屏幕上获取零售商需要的信息，或者零售商也可以从网页上直接登录并获取他们需要的信息。小型零售商们可以实时了解他们的订单状态、定价等任何它们需要的信息。这样，双方的生产力都明显提高，小型零售商的满意度也大大提高。

结论

在第三章，我们已经看到惠普、惠而浦、索尼、霍尼韦尔、思科、联邦快递、甲骨文、施乐等优秀企业的销售部门是如何更新并提高其严格的销售流程下的客户关系的。从全局来看，在 B2B 和 B2C（企业与消费者商务）环境下，销售的角色变得越来越复杂，难度越来越高，这是显而易见的。而上述这些优秀企业的实践表明，优秀的销售组织和一般的销售组织之间最大的不同便是：优秀的销售组织都真正以客户为驱动力，不断进行销售流程的转型，以实现更高的客户价值。

伟大的销售组织如何推动销售的科学性和客户关系的艺术性

- 基于事实的决策过程，以人为本，考虑客户需求；
- 在不同的客户群体和销售渠道间进行既集中又灵活的资源分配；
- 与不断变化的客户需求相匹配的销售模式，包括不同销售渠道的融合，以及通用型销售代表和销售专员的角色融合；
- 对于传统通用型的销售代表，要不断增加其各种知识资本，而不局限于客户关系管理；
- 不断改善的销售分析、销售过程以及销售运营流程；
- 协调销售部门和销售人员的业绩衡量标准。

《 第四章 》

敢于试错

失败是成功的铺路石。因此，优秀的销售组织会鼓励销售代表、销售经理以及销售高管们大胆试错。

我们当然不是指这些销售组织鼓励他们的销售人员去三番五次地犯同样的错误，而是优秀的销售组织认识到，在一个持续变化的环境中，坚持不懈地去创新实验是辨识、创造以及传递卓越的顾客价值的唯一途径。犯错是学习过程中必不可少的一部分。优秀的销售组织不仅接受这一观点，而且对此还加以鼓励。

从这个意义上来看，优秀销售组织有如下共同点：

- 他们始终尽力寻找客户需求和市场情况的变化，并总是依据客户和市场的变化来改变自身的销售模式和销售流程；
- 频繁进行试点项目，对试点项目采用“要么失败，要么规模化”的模式，以发现最好最有效的销售实践，并对此进行改善，然后规模化；
- 创建灵活、成本效益高的学习型组织，并将重点放在“敢于试错”和“快速止错”上；
- 聘请那些勇于创新实验和大胆试错的员工；
- 奖励从错误中学习的行为，使销售队伍能够通过失败而获得成功；
- 任何错误都可以被接受，反复发生同样的错误除外。

永远创新实验

“敢于试错”对于一个优秀的销售组织而言十分必要。对于健赞公司的销售高管丹·里根来说，“敢于试错”这个词甚至唤起了他内心深处的回忆：“我永远记得在我小学一年级时，我的老师告诉我们要‘敢于试错’。企业的文化必须鼓励员工也这样做。如果一个企业清楚地知道自己的使命，并鼓励员工在一个允许他们失败，并从中学习的环境中试错，这样的企业必有长远的发展。”

商业环境的不稳定性、不可控性使得雇用及培养适应力强的创新型销售人员变得非常关键。他们需要懂得在试错中学习和前进。正如甲骨文公司北美执行副总裁凯斯·布鲁克观察到的，“你永不会真正完成某件事，一直都会有可改进的地方等着你去发现。”即便是一个在过去卓有成效的销售模式，到了今天或许也需要调整来保持其可行性；或者，新的市场环境需要一个全新的销售模式。如何做到不断调整和创新？持续的检查和实验是唯一可行的方法。

凯斯·布鲁克告诉我们：“甲骨文公司鼓励大胆试错。我们总是问，‘我们能做得更好吗？我们学到了什么？什么是切实可行的？什么是不可行的？我们又该如何调整？’每次我们开会时，我总是会用这些问题挑战整个销售团队，以免他们受到经验主义的影响。我们每年都会尽力改变一些事，让大家革故鼎新。因此，我们必须试错。”

除了计划内的创新实验，一个销售组织及其销售团队必须同时对大大小小的突发危机做出判断并进行实验。优秀的销售组织甚至视其为一个取精华去糟粕的机会。我们采访了很多销售高管，听到很多他们对于试错的说法。

万事达信用卡公司全球执行副总裁盖瑞·弗莱德说：“当一件事出现了严重的问题，销售人员能和客户一起解决它吗？困境必然会发生，我们不能就此出示红牌把销售人员罚下场，相反，我们希望销售人员能在困境中变得更加坚韧，进行绝地反击。即使困境总是非常有挑战性，但如果销售人员能倾听客户的声音，就一定能解决问题。我告诉整个销售团队，‘客户至上，关注他们认为重要的事，其他的都不值一提。’这才是销售人员的工作。”

SAP Business Objects 公司销售和营销高级副总裁兼总经理格雷格·罗登告诉我们，他一直渴求找到有蓝领心态的销售人员，因为这些人敢于试错，总是在实验中主动解决问题。一个销售人员面对失败应该本着“问题能不能解决取决于我，我必须想明白问题所在”的态度。一个销售人员有多少次的失败并不重要，只要他一直成长、学习。当然，如果一而再，再而三地在同一个地方跌倒，那就另当别论了。

有了上述的优秀销售团队之后，销售组织还必须保证其文化能够支持并鼓励员工的试错过程及行为。销售人员不仅拥有犯错的自由，同时也有权力去指出他们在销售部门甚至整个公司看到的任何问题，从人力资源的管理到客户关系，从销售模式到产品及服务的可行性，无一例外。

如果企业的组织文化让人感到窒息，以至于当销售人员犯了错，却无法告诉任何人，那么这样的企业就无法从错误身上学到任何东西。就像我们在第二章里讨论的，在健赞公司，为了避免销售人员在销售部门内部无法自由讨论，健赞公司的销售高管丹·里根为此成立了一个由销售人员和市场人员组成的咨询委员会。在这个委员会上，他告诉销售代表可以毫无顾虑地表达自己的担忧与看法。因为，如果一个销售组织不能倾听一线销售人员的意见，那么这样的销售组织是无法持续进步的。

每一个杰出的销售组织都必须有冒险文化。在很多中国公司，这意味着“狼性文化”。丹·里根说：“如果你的商业值得去投资，那它就值得你冒险。冒险意味着你必须愿意拿出 5 个方案给大家看，而其中的 3 或 4 个很有可能会吃闭门羹。我相信失败的理论。我相信我应该在别人跌倒时，扶起他，并告诉大家说，‘这家伙已经尝试过了。他失败了。这方案行不通。但是，让我们每个人都给他掌声吧！’而当我说这话时，大家通常都十分震惊，问：‘你在说什么啊？给失败者掌声？’是的，我们要给勇于冒险、敢于试错的失败者掌声。错误是完全可以接受的。在我们给失败者掌声之后，经常，在接下来的一个星期，那个曾跌倒的家伙成功了，他最终连跳三级，越过重重障碍获得了订单。这简直完美至极！”

索尼电子高级副总裁肯·史蒂文斯也非常坚持试错的必要性，“你必须给你的销售团队足够的权力和自由去尝试失败。他们不应该为失败感到害怕。如果他们害怕了，他们就不敢放开手脚做事。而如果他们不去试错，他们就只能做到 80%，而非 100%。”

这里，史蒂文斯传达的潜在信息已经非常明确：如果一个销售团队害怕失败，害怕在创新实验的征程上失败，那么这个销售团队只能发挥 80% 的才能。而这已不仅仅是工作氛围和态度的问题。为了支持有成效的冒险，销售领袖必须限制部门官僚主义，同时积极想法设法增加销售代表的销售时间。

由此可见，销售组织需要给予销售代表足够的自由去尝试失败，这是销售组织授权于其团队且明确其责任的一个良好体现。凯斯·布鲁克也强调了销售领导接受责任追究的重要性：“我们鼓励销售人员像创业那样去工作，这样才能引导出一个鼓励创新敢于实验的销售文化。”这和他对“身在前线”的看法也非常一致：“好的销售领导力是自上而下的，必须通过高管的以身作则来实现。”

甲骨文公司的创始人、董事长拉里·埃里森（Larry Ellison）也非常鼓励创新，并采取一切措施来减少销售组织的官僚主义，以免其压制了必要的试错及失败行为。说到这一点，凯斯·布鲁克解释说：“作为一个市值达 230 亿美元的公司，我们做事的风格却非常像一个价值 5000 万美元的创业公司。如果我想要做一项投资，那么我会直接找拉里，并解释为什么我认为这是一个好点子。如果这个方案行不通，我们会调整方案或者直接否定它。但是拉里不怕尝试任何事。我认为这是甲骨文公司最棒的地方之一。”

赋权给销售团队，鼓励他们勇于冒险、敢于试错、尝试失败，对提升整个团队的士气和效率也有着积极影响。格雷格·罗登说：“思爱普公司鼓励销售人员大胆实验，大胆创新。我们愿意支持一个创新的冒险，而不是惩罚一次失败。这是非常重要的。它证明了我们非常开明，愿意倾听任何意见，包括错误的声音。这些想法反过来也提高了组织内对创新、实验与改革的接受度。我们目前甚至已经对薪酬计划做出了积极的变化，相比成本，我们得到了更多，将会走得更远。”

销售组织除了要鼓励员工敢于冒险，还需要使结果尽量透明化。只有这样，才能够将失败的成本最小化，并将成功的利益最大化。丹·里根说：“如果某个方案行不通，一定要尽早报告，一定要做到透明化，然后尽力在下一次尝试时改正问题。”

非常重要的是，从聪明的错误中汲取教训和一直延续愚昧的错误有着本质区别。市场的模糊性或许使人们很难区分他们所犯错误的类型。在这种情况下，执行透明度就显得更加重要，它成为唯一能让销售组织安全走过这条细线（过早或过晚地终止业务）的途径。

为了说明这一点，史蒂文斯使用了“快速改错”这一词：“你必须告诉销售代表一定要‘快速止错’。不是每个点子、想法都切实可行。如果你的点子注定失败，那么请尽快止错。不要因为它是你最喜欢的方案就紧抓不放。如果一个方案正在失败，正视它，果断结束它，换一个角度进行。如果你的方案已经被证明不可行一段时间了，那么说明你已经浪费了大量资金。你可以很快地止错，这不会对公司造成致命的打击，而且这对你个人而言也非坏事。它不会说明你缺乏能力。但是，如果你紧抓着一个行不通的方案不放，则反映了你对商机把控能力的不足。”

通过“要么失败，要么规模化”的实验模式，创新性冒险能给企业带来全新的、最好的实践方法。健赞公司的销售高管乔·布雷南告诉我们，健赞公司在一个销售代表身上进行了一项创新实验，结果带来了整个公司业务的巨大变化。当时，健赞公司需要为其妇科肿瘤领域的新产品进行推广，因此想联系一些纽约市著名的妇科肿瘤医生。然而，在这方面，大多数销售代表缺乏经验。于是，健赞公司对一位来自费城的销售代表做了个实验。这位销售代表在临床医学领域做销售非常出色。健赞公司给了他纽约的 6 位大客户资料，希望他能够谈成。为此，健赞公司那一年付给他双倍的提成。

这位来自费城的销售代表仍然需要管辖他自己原有的区域。他坐火车到了纽约，虽然没能谈成所有的 6 个大客户，但他谈成了其中的大多数。当时，一般的销售代表能做到的区域内销售额为每年 25 万美元，而这位销售代表，就这些不多的客户，他却能将销售额提高到每年 45 万美元。

所以，那次实验取得了极大的成功。同时，通过联络这些最有影响力的医生，健赞公司在整个妇科肿瘤界的影响也增大了。后来，这位费城销售代表被提拔为负责健赞公司全国业务的大客户总监，并带领 6 个销售人员与他一起工作，负责联系全国妇科肿瘤界的著名医生和其他重要意见领袖。于是，健赞公司在美国各地的大医院产生了更大的影响力。

SAP Business Objects 公司的格雷格 · 罗登也告诉我们，该公司的一个地区销售经理进行了一个被他称为“季度中期漏斗”的创新实验。这个实验抛弃了传统的销售人员在每个季度一开始就挑选 10 个左右潜在交易客户的方式，提供了一个更能聚焦潜在客户的识别方法，让销售人员知道什么是可以真正被具体化的销售线索。后来，SAP Business Objects 公司把这种方法推广到整个销售部门，大幅提高了公司的销售业绩。

最好的实践方式还可以通过失败的实验找到。失败的实验结果会告诉我们应如何调整一个销售模式或者如何重新规划一个项目。在这个“要么失败，要么规模化”的模式中，一个成功的实验经常还能引发在另外一个全新领域的新实验。让我们重新回头看看甲骨文公司从重视多面手到认识销售专员重要性的转变。通过初期在专业领域安排销售专员的实验，甲骨文公司后来进一步扩大了这种方法。

甲骨文公司北美执行副总裁凯斯 · 布鲁克告诉我们，在新产品与服务领域，例如软件安全领域，他们正在注入越来越多的销售力量。甲骨文公司不但有“通用安全解决方案”销售力量，同时也在努力打造更加专业的“行业业务单元项目”销售力量。在这些行业中，深厚的专业知识功底就是一个巨大的差别优势。

在甲骨文公司向销售专员这一方向转型的同时，公司仍然会在适当的时候重用经验丰富的多面手，二者相互配合。为了协调大量的销售专员，并且防止在应对某些超级大客户时“惊慌失措”，甲骨文特别挑选了那些与该客户有着良好关系的销售人员并指定他们作为大客户总监去负责那些大客户并协调销售专员。值得一提的是，创造一个“大客户总监”也是一个创新实验，而且取得了非常大的成功。后来甲骨文专门把该实践推广到整个公司，特意为那些超级大客户建立了一个正式的“大客户总监”项目。

如上述这些例子所示，面对客户不断变化的需求，一个销售组织想保持领先，这种敢于试错、快步试错的创新实验法就成为一个日常必需。下面，让我们来看另一个深度案例。

创建于 1920 年的必能宝公司是标准普尔 500 指数的成员公司之一，同时也位居《财富》500 强之列。在这种背景下，我们很容易理所当然地认为必能宝公司已处于成熟状态，且十分守旧。事实上，必能宝公司之所以能不断持续发展，全靠其能持续不断地随着客户需求的变化而进行调整。在价值 2500 亿美元的全球邮政行业中，必能宝公司在产品、服务以及科技方面一直都是领导者。而必能宝公司之所以能够做到这一点，其在销售领域的持续创新起了关键作用。

跨入 21 世纪以来，必能宝公司实现了每年 7% 的平均收益增长。即使在 2007—2008 年的全球金融危机中，必能宝公司仍然能够在这场浩劫中成功保持了增长。在这些成绩的背后，隐藏着的是必能宝公司非常显著的变化：从一个严格的“命令与控制”型的领导集团转型成一个鼓励创新实验型的销售组织。必能宝公司销售运营高级副总裁罗博·弗鲁特汉德勒（Rob Fruithandler）告诉我们，为了向客户传递价值以及为股东获得收益与利润，必能宝公司的销售部门重点在四个方面做足了功课：领导力与决策，人员培训与指导，市场细分与销售覆盖，在成功与失败中学习。下面，我们分别具体来阐述这4个方面。

领导力与决策

同其他我们曾采访过的优秀销售组织的执行官们一样，弗鲁特汉德勒认为一项改革要想成功并带来业绩增长，必须在企业领袖的领导与支持下才能发生。在必能宝公司的案例里，尤为吸引人的部分是其领导力以及整个销售部门的共享和分享。

必能宝公司的领导层认识到因循守旧已经行不通，所以他们积极拥抱改革和变化。全球商务环境及客户需求方面的变化等多重因素帮助必能宝公司意识到了这个问题。在全球邮政B2B和B2C的市场中，各类文件与包裹不再只是实体的，也包括了快速发展的数字产品。B2C实物邮件流交易正在减少，与此同时，消费者更习惯于在网上接收及支付账单。对必能宝公司来讲，消费越来越电子化这个变化非常重要，公司必须进行自我调整来适应这个变化。

为了应对这些变化，必能宝公司需要在软件、内容生产、服务管理和咨询这几方面都更新升级，并将这些因素很好地融合于公司核心的邮件业务。这些变化也需要销售部门有更大的灵活性、创造力以及结果导向型的纪律，才能为客户提供全新的产品和服务组合，为客户创造价值，并达到预期的增长。把所有上述因素升级整合，也就意味着必能宝公司需要把关注点放在不断变化的客户需求上。要做到这一点，必能宝公司需要不断深入了解客户及其未来业务，从而掌握在产品和服务上为客户创造更多价值的方法。尤其是在经济困难时期，客户才是价值的最终决定者，因此必能宝公司必须把它们的要求反映在客服与销售方案上。

这个整合改革非常关键的一点，即它让必能宝公司剔除了传统上非常严格且高度集权的组织形态。其中一个变化是必能宝公司会组织各个层级的人员，包括基层销售代表、地区销售经理和公司销售高管，加入公司薪酬顾问委员会和营销顾问委员会，为期一年。就像我们在第一章提到的“前线领导”一样，这个创新让必能宝公司的销售代表与销售领袖把战略目标和战术决策很好地结合了起来，同时也结束了不同部门由于功能与职责不同而引起的内斗，尤其是销售部门和营销部门之间。例如，它很好地帮助销售代表了解了市场营销部门对于零利率融资方案等促销手段的看法。

弗鲁特汉德勒强调说：“销售和营销之间的学习是双向的。我的市场营销部门有 70 个员工，每个季度，他们至少需要花几天时间和销售代表以及客户在一起。这让营销部门的同事听到客户的真实声音，并了解了销售代表是如何利用营销部门提供的工具进行销售的。对于营销部门而言，与销售团队及客户的紧密联系能帮助其更好地完成任务。总之，你必须把客户、销售和营销这三个点紧密连接起来，三者构成了一个稳固的三角形。”

让各级销售人员加入公司的薪酬顾问委员会或营销顾问委员会还有一个好处，即能够让更多的新薪酬计划或新营销计划在销售团队内部获得支持。例如，原来由营销部门高管在办公室里设计出的营销计划不一定能够获得基层销售代表的支持，而现在由于他们同处一个委员会，相互之间也就有了更多的了解和支持。

弗鲁特汉德勒补充说道：“在 2001 年之前，整个销售组织想要有所改革创新的渴望远小于今天。而现在，我们有了想要创新、改变的人。他们知道公司能改革成什么样子，而且他们愿意努力把这些想法变成现实。在很大程度上，整个销售部门都已经被变革改良了。这几年，必能宝公司的核心思想和愿景都发生了巨大的改变。这真的是个巨大的企业文化变革。”

人员培训与指导

优秀的销售组织存在着一个潜在威胁，即新方法的成功与否取决于有效的人员培训与指导。就像必能宝公司所认识到的，邮政行业的改革需要其提供新的产品与服务；同时，销售沟通与合作必须从客户的收发室提升至高层办公室。正如弗鲁特汉德勒强调的，销售代表不能只关注邮政分拣机的分拣速度，要把更多的精力花在与 CFO 和 CIO（首席技术官）讨论业务应用程序和解决方案上。

对销售团队而言，这是一个非常难做到的过渡。必能宝公司试图通过改变培训模式来完成这个极具挑战性的转型。在这个转型过程中，销售部门希望能充分挖掘销售人员的销售天赋。过去，必能宝公司的销售人员曾一度达到 2500 人，其中每个月都会有 3%~4% 的人离职。这意味着，必能宝公司每个月都有 70~80 个人离职，有的时候这个数字甚至高达 100 人。必能宝公司必须扭转这种局面。

通过对离职的销售代表的访谈，必能宝公司发现他们主要对两方面不满：第一，他们在销售过程中有一种挫败感；第二，他们很难挣到足够的钱。同时，新的销售代表感到自己没有得到成功所必需的各项工具、培训与指导。

于是，必能宝公司试验了一个新培训项目。它将试点培训项目与原有培训项目（对照组）进行对比，不断修改该试点项目并测量其结果。在对比了新老两个培训项目的结果之后，必能宝公司发现新的培训项目效果非常明显，能让销售人员得到更好的培训，在销售过程中做得更好。

经过长期试点，这个新培训项目被证明确实有显著的优势：花费少，效果好。销售人员在经过培训之后，销售业绩提高了，他们每个人都赚了更多的钱，因此更愿意留下来为必能宝公司服务。

必能宝公司采用的是绩效薪酬的模式，销售人员的底薪并不高，但是当销售业绩好的时候，销售人员所能获得的回报很大。新的培训项目教会了销售人员很多关键性的销售技巧。这个新培训项目的第一期一共有 16 人参加培训。结果，其中好几位在培训后不久由于业绩优秀，很快就被提拔重用了。

最后，必能宝公司把这个新培训项目推广成为所有销售代表的必修课来执行。

必能宝从这个新培训项目中还发现，由前线销售经理来指导非常重要。公司相信，成功的关键在于培训与指导都必须由前线销售经理来完成。销售人员若能从他们的销售经理那里得到每月 3 小时的优质培训，他们的业绩将会比那些未获得这些培训的销售人员高出很多。

必能宝公司也采取了一些关键步骤来改进由前线销售经理带领的培训与指导。它要求所有销售经理定期组织销售效率计划会议。这些会议举行的频率取决于各个销售代表的销售经验与过去的销售成绩。例如，新销售代表被要求与他们的销售经理每周进行一次会议。

在各主要区域市场，必能宝公司也都建立了类似的“经理培训发展试点项目”。他们对新销售人员进行为期 6~9 个月的培训，而非像通常的对所有销售代表进行培训。这种新的培训方式让那些新销售人员无须担心与资深销售人员的竞争。新销售人员通过长时间的一起学习，最后成为各个销售团队的抢手人才。

在大多数销售组织，上司的目光往往集中在有可能成为销售经理的优秀销售人员身上。在必能宝公司，销售经理并不是自上而下来选择的，相反，任何销售人员都可以自愿进入必能宝公司的“今日精英”试点项目并成为销售经理。当然，前提是销售人员业绩好，并能通过严格的考核。这个方法确保了必能宝公司不遗漏掉任何有才能的新人。

弗鲁特汉德勒解释道：“每个销售人员都可以自愿参加‘今日精

英’试点项目。所有的参加者都要接受培训，然后被分配到一些项目中，给他们一个展露自己才能的机会。那些能够成功完成任务并且让我们看到他们身上有成为销售经理潜质的销售新人，将成为‘顶尖销售’计划的一员。‘顶尖销售’计划把他们带到必能宝公司的亚特兰大集训场地。在那里，他们将开始接受管理培训。最后，我们将对他们进行筛选，观察他们是否真的具备了成为一名销售经理的能力，然后培养成区域总监级别的销售经理。”

市场细分与销售覆盖

由于长久以来的成功，必能宝公司已经获得了客户与行业的认可，也因此获得了很多客户和行业数据。利用这些资料数据，必能宝公司能够迅速准确地对客户和潜在客户进行分析和细分，从而使销售队伍知道“该往哪里去”以及“该讲什么故事”。

例如，通过对已有客户的产品使用情况进行分析，必能宝公司就能够对已有客户提供一个交叉销售和升级销售的机会。对于潜在客户，也可以根据相同规模的已有客户的产品使用情况进行类似的分析。弗鲁特汉德勒说：“我们不是撒网以尽力捕捉一切东西。我们很清楚什么样的产品对应什么样的市场。我们一直都在研究我们的关键细分市场，以及各个细分市场里那些最重要的客户与潜在客户。基于客户所在的行业和商业规模大小，我们可以计算出对于必能宝公司的核心产品和应用而言，这是不是一个合适的客户。这样就给销售人员提供了一条很好的线索，告诉他们该努力的方向是什么，而非不分场合地一味尝试。我们努力引导他们走向有可能通往成功的道路。”

必能宝公司的销售部门从20世纪90年代早期就开始对客户进行细分。它将高端客户放在一个单独的业务部门，通过邮件进行联络，从而达到专注于高端市场的目的。这时就是美国运通公司大显身手的时候了，因为受过良好教育的客户明白邮件就是他们的现金流，他们想知道发生在地球上的每一件事。与此同时，必能宝公司将低端客户，也就是商业规模小于25个员工的公司，放到小型企业解决方案部门。对于这些低端客户，必能宝公司则采用直邮销售、电话销售或网络销售的方式。

伴随着越来越多的实验项目，必能宝公司的销售部门正在积极寻找更多可以采取直邮销售、电话销售或网络销售等方式的低端客户。其结果非常棒，这从客户的满意度和销售额都可以体现出来：在过去10年的时间里，必能宝公司通过直邮、电话或网络等方式进行内部销售团队管理的客户数从原来的占比10%发展到现在的50%。这解放了外部直接销售团队，使他们能够专注于给大客户的高价值解决方案，而且减少了外部直接销售人员的数量，同时，每个销售代表负责的大客户数量也相应减少了。在这10年间，必能宝公司的外部直接销售团队已经从管理130万个客户减少到现在的60万个客户，销售人员数目也从2500人下降到1900人。这样一来，必能宝公司也节约了很大一笔开支。

必能宝公司的外部直接销售团队由区域销售代表和专业销售代表

组成，他们关注的是高价值的产品和服务。除此之外，必能宝公司也使用独立的经销商网络以及两个内部销售渠道（即对低端客户的电话销售和网络销售），以及电话挽留销售渠道。当客户说不想继续和必能宝公司做生意时，必能宝公司会通过使用电话挽留渠道，尽一切可能去留住可能流失的客户。

有趣的是，必能宝公司尝试在美国东西部的不同销售部门采用不同的混合渠道策略来促进销售业务。原因很简单，必能宝公司需要根据美国东西部人口密度和产业结构的不同，采用不同渠道和不同的销售人员组合，不断拓展销售业务。在美国东部，其地理人口密度大的特点使客户更倾向于接受外部直接销售，而非内部销售；在美国西部，让销售代表联系非常分散的小客户是非常低效的，必能宝公司因此在美国西部华盛顿州的斯波坎市建立了内部客户销售管理中心，小客户的首次切入点变成由内部销售人员完成。如果客户的需求没有被满足，他们会被调整到外部销售人员处。

又如，在美国南部的阳光地带，那儿的市场大部分是服务业，而不是在美国东北部看到的制造业和金融服务业混合的环境。必能宝公司必须根据不同区域特点，合理提供不同的销售资源给当地客户。关键在于，不管是哪一种销售资源，必能宝公司都必须用相同的平衡计分卡来测量结果，将所有销售进行统一管理。

在与必能宝公司高管的谈话中，我们学习到了另外两个关于市场细分和销售覆盖非常特别的试点项目。第一个是“竞争对手客户试点项目”。弗鲁特汉德勒解释说：“我们的销售团队在争取竞争对手的客户这点上做得并不好。所以必能宝公司专门选取了一部分销售人员，他们每天所要做的就是跟着竞争对手的客户，进行销售努力。”

第二个试点项目是必能宝公司迄今为止最成功的销售试点项目——“客户轮换试点项目”，目前它已正式投入使用并实现规模化：如前所述，许多低端客户是由内部销售渠道管理的，而“客户轮流试点项目”则在限定的一段时间内把这些客户轮换至外部销售团队。弗鲁特汉德勒解释说：“这些是低价值、交易型的小客户，之前由内部销售团队管理。基于市场部门的机会分析，我们以一个季度的时长为基准线，将 25000 个客户轮换给外部销售部门管理。通常来说，内部销售管理会带来更高的购买率，但每个客户的平均购买规模比较小。通过轮换这些客户到外部销售团队，必能宝公司就能够同时提高购买率与购买规模。这种方法使得我们的销售率增长了两倍，销量增加了 30%。而在每个季度末，由于很多客户从外部销售渠道调至内部销售渠道，这促进了外部销售人员将临时销售机会最大化。同时，从长期的角度来看，这也保证了内部销售员能以最有效的方式来管理客户。”

在成功与失败中学习

通过一系列严格的实验，必能宝公司的销售与市场营销部门已经准备好迎接商业环境的动荡变化了。这才是顺应历史潮流：每个企业都必须勇敢面对改变，无论企业是否已获得成功或已有很多年的运营经验。许多企业只有在发现它们的销售模式已经瓦解时才采取相应的措施，在这种情况下，它们就需要付出巨大代价来把自己放到正确的轨道上来。而必能宝公司则积极防范于未来，在现有的商业模式仍能有效运作时，就及时地做出创新改变。

这就意味着企业必须从失败与成功中主动学习，自我改革。必能宝公司曾经做过一个销售专门化的试点项目。从事前规划的角度来看，该项目的想法似乎很不错：这个试点项目将销售专员放到那些他们之前没有客户的区域，并且要求他们在较小的商业客户中推销。

然而，必能宝公司后来发现这条路行不通。弗鲁特汉德勒解释说："我们后来学习到，如果你想要用销售专员，就必须给他们更好的客户组合，包括一些能够大概率拿下的新客户，也包括一些已使用过产品，但需要更新相关产品应用的老客户。我们会在随后的试点项目中展开学习。"

必能宝公司非常大胆地将其 75 个美国销售区全部投入各种不同的销售实验项目，目的就是测试销售创新并进行各种微调。必能宝公司通过平衡计分卡来控制、检测与管理这 75 个区域的销售业绩、营收结果、操作指标和人力资本等指标。对于任何一个销售创新实验，75 个区域相当于给了必能宝公司 75 个内部标杆，这对于检验销售操作和销售方法的实用性非常有效。

必能宝公司的销售部门使用上述基准来持续地对成功进行重新定义，不断在向客户、公司及股东传递价值上提高要求。在我们采访时，必能宝公司把这种持续不断的努力重点放在客户保留上。弗鲁特汉德勒解释说："很多销售部门都存在的一个问题是：只关注能否实现销售指标。指标的高低体现的只是一个人与他的上司谈判的能力，我们希望能够在重视销售指标的同时，更关注有机的收入增长、市场份额和损失可控。对于市场份额，非常关键的问题是，对于必能宝公司提供的产品与服务而言，是每一项都有自己的市场份额，还是主要依靠某一项产品？对于损失可控，我的意思并不仅仅指销售人员能够控制销售，更要能很好地维持客户关系。目前，我正在改写必能宝公司销售部门的薪酬方案，因为目前的薪酬方案并不会因为你失去某个客户而进行有效的惩罚。"

基于这个认识，必能宝公司的销售部门对成功进行了再定义。在此之前，成功意味着完成150%的销售指标，而现在，销售人员都明白，即使实现甚至超过了销售指标的150%，但如果与此同时损失了一个极具价值的大客户，也不意味着你成功。因此，每个销售人员都要重视控制损失。

必能宝公司的销售部门不断追求进步的承诺，在它的众多试点项目上有着很好的体现。在我们采访的时候，必能宝公司的销售团队共有15个处在不同阶段的试点项目。正如弗鲁特汉德勒所说，"我们永远都在创新。因为公司的领导团队非常清楚，如果一场胜利是在无计划的情况下发生的，那么这个胜利并不是一个真正的胜利。"

敢于试错和转型

正如健赞、甲骨文、思爱普、索尼电子和必能宝公司那样，企业要想获得持续盈利及业绩增长，其销售部门就必须能够进行创新实验，敢于试错，从而获得持续的进步与改变局势的转型。施乐公司就通过不断实践创新实验和试错而获得了长期的巨大收益。

一直以来，施乐公司的核心竞争力是：先进的技术、优秀的销售和良好的服务。施乐公司成立于1906年，逐渐从一个从事摄影纸张业务的小企业变成一家在复印机市场上占据绝对市场份额的全球大公司。在美国，“施乐”一词已经被社会公众等同于“复印”，就如“优步”或“滴滴”在今天全球或中国的移动出行方面所取得的成就一样。

由于急于求成，施乐公司在20世纪70—90年代的业绩像过山车一样。在20世纪70年代，由于忽视生产效率，施乐公司在同日本公司的竞争中处于不利地位，在全球复印机的市场份额从1974年的85%锐减到1985年的40%。这时，施乐公司开始尝试在核心的复印机市场之外进行多元化经营，其结果既有成功也有失败。一个成功的结果是施乐推出的电子打字机成功取代了IBM的打字机成为很多公司的选择；失败的结果则是错误地进入了保险市场，并错失了个人电脑市场，尽管它在全球率先开发出了个人电脑的图形界面操作系统（该操作系统后来被苹果公司模仿并开发出著名的MAC系统）。

20世纪90年代，在施乐公司新CEO保罗·奥莱尔（Paul Allaire）上任之后，施乐公司关闭了其保险业务，重新聚焦复印机和其他各种形式的文档处理产品，并成功推出了市场领先的彩色复印机。

保罗·奥莱尔后来担任施乐公司的董事长，而CEO则由曾经担任IBM公司CFO的里克·托曼（Rick Thoman）继任。里克·托曼上任之后，大力推行“命令—控制”式的管理方式而非创新型的销售组织变革，他想在一夜之间把销售部门从原来的按地理区域划分改为按客户行业进行划分。这些变化看起来虽然也有一定的逻辑性，即让客户行业和专业销售人员匹配。但是这种制度缺乏灵活性，而且缺乏试错，最后给施乐公司带来了灾难性的后果。

仅仅13个月后，里克·托曼就被施乐公司的董事会解聘，而由董事长保罗·奥莱尔暂时再次兼任CEO。很快，保罗·奥莱尔推荐销售经验丰富的安妮·马尔卡希（Anne Mulcahy）来担任新CEO把控全局。在接下来的几年里，安妮·马尔卡希通过不断的努力与创新实验将施乐公司从困境中带入正轨。由于她的优秀表现，安妮·马尔卡希后来成功接任保罗·奥莱尔担任了施乐公司董事长。

安妮·马尔卡希把施乐公司重新带回成功轨道的关键就是回归施乐公司的核心竞争力：先进的技术、优秀的销售和良好的服务。其中最关键的元素就是让施乐公司的销售部门把多面手与销售专员进行混合，并建立更加有效率的地理结构。

当安妮·马尔卡希接过施乐公司指挥棒时，施乐公司只有1.54亿美元的现金，债务却高达171亿美元。而当安妮·马尔卡希在2009年继任施乐公司董事长时，施乐公司早就扭亏为盈，并实现了高达176亿美元的年收入和2.3亿美元的净利润。施乐公司还出资约60亿美元购并了世界最大的商业流程外包公司ACS。

2009年3月，在一次面对《纽约时报》的采访中，安妮·马尔卡希分享了她带领施乐公司成功转型的一些经验和教训，其中最重要的就是要创新实验和敢于试错。用她自己的话说，“只有这样，才能在组织中提高灵活性和适应性。在今天的这个时代，唯一不变的就是变化。我们必须接受变化，必须接受不确定性。因此，面对变化和不确定性，领导者需要允许员工告诉你坏消息，而不是一枪打死传递坏消息的人，这样以后就再也没有人敢告诉你坏消息了。相反，领导者需要感谢员工尽早地告诉了你问题所在，因为他们给了你机会去解决这些问题。”

是的，在今天的变革时代，每一家企业都有可能遇到困难，有的时候整个经济环境都会陷入困境。正如万事达信用卡公司的格雷·弗拉德所言，“困境总会发生。”但是，伟大的销售组织应该有勇气去大胆试错并从中创造竞争优势。

优秀的销售组织如何敢于试错，成功转型

- 它们始终尽力寻找客户需求和市场情况的变化，并总是依据客户和市场的变化来改变其自身的销售模式和销售流程；
- 频繁进行试点项目，对试点项目采用“要么失败，要么规模化”的模式，以发现最好最有效的销售实践，并对此进行改善，然后规模化；
- 创建灵活、成本效益高的学习型组织，并将重点放在“敢于试错”和“快速止错”上；

- 聘请那些勇于创新实验和大胆试错的员工；
- 奖励从错误中学习的行为，使销售队伍能够通过失败而获得成功；
- 任何错误都可以被接受，反复发生同样的错误除外。

《 第五章 》

在销售中践行使命

现在，基本上每一家企业都给自己设定了一个以客户为中心的企业使命。然而，实现以客户为中心的使命不是嘴皮子上的功夫，而是意味着要脚踏实地地干起来，把客户放在第一位，把对客户的服务放在最基本的层面上。

我们发现那些最顶尖的企业总是把客户放在第一位，并对以客户为中心的企业使命有着近乎本能的坚持。不同的企业当然因为行业和客户的不同而有着不同的使命，但这些顶尖企业共同的一点就是企业使命都超越了年度业绩的层次，而是在更高的高度关注客户的利益。在我们所采访的企业身上，我们都发现崇高的企业使命能够让优秀的销售组织完成优秀的业绩。

销售组织践行更高使命的益处包括：

- 建立可信度以及客户对公司的信赖；
- 去商品化，建立超越竞争对手的差异化优势；
- 帮助实现与客户需求一致的资源分配；
- 吸引最优秀的销售人员，通过培训和指导发展其职业生涯，鼓励他们实现“超过上级要求”的工作业绩；
- 更加开放地拥抱新机会，提高企业的创新程度，从而更好地服务客户并实现利润。

使命：销售组织的灵魂

能像强生公司一样把理想变成现实的公司并不太多。强生不仅是世界上最大的医疗保健公司，也是世界上可以持续盈利的公司之一，同时还是世界上最受信任的品牌之一。我们有幸与强生公司全球市场和销售副总裁苏 · 佩特拉（Sue Petrella）以及强生旗下护眼品牌卫康公司国际销售和市场副总裁戴维 · 史密斯一起探讨强生旗下众多公司的销售部门如何实现以客户为中心这一使命的过程。这两位管理者与我们分享了销售如何在强生公司的发展和持续增长中扮演至关重要的角色。在我们采访时，强生公司的年营收达到 600 亿美元，卫康公司达到 20 亿美元。

强生公司的使命一开始是小罗伯特 · 强生（Robert Wood Johnson II）——强生公司创始人老罗伯特 · 强生（Robert Wood Johnson I）的儿子——在 1943 年写就的“信条”。这个“信条”包括四个方面的责任：对医生、病人及家属、供应商和销售商的责任，对员工及其家属的责任，对强生公司所在社区和世界的责任，对股东的责任。

强生公司的“信条”告诉我们，它的销售部门事实上就是它在医疗行业中的“脸面”，因此销售部门承担了履行这些使命的主要责任。在小罗伯特·强生写就这份“信条”40 年之后，强生公司正式把这些“信条”变成公司的使命。或许你会说，此时的强生公司已经财大气粗，当然要远比处在生存线上的企业更容易说自己的使命是以客户为中心。然而，这样看问题的角度事实上是错误的。正是强生公司坚持以客户为中心的使命，才造就了强生公司过去几十年来的强劲业绩表现，这也反映在强生公司在各条产品线上的优秀表现——从非处方药和处方药，到医疗设备和诊断试剂。

自 1886 年创立以来，强生公司在医疗器材上推出的优秀产品和所取得的销售成绩一直令人瞩目：全球首创的绝育手术辅料和缝线、爽身粉、牙线、急救箱、快速止血的创可贴（邦迪）、不含阿司匹林的感冒药（泰诺）、冠状动脉支架、可抛式隐形眼镜（卫康），这些加起来还远远不是强生公司的全部产品。

以强生公司历史上的泰诺氰化物危机为例。1982 年 10 月的第一个星期，芝加哥有 7 人服用泰诺胶囊后死亡。经查，有犯罪分子在泰诺胶囊中注入了氰化物。虽然很快查明是一个精神病人所为，与强生公司无关，并且只发生在芝加哥，但是强生公司还是迅速决定把全美上亿美元的泰诺产品撤下货架。强生公司在第一个星期就向全球医学界发出警报，开通 24 小时免费电话，通报药监局，悬赏 10 万美元捉拿凶手，并从 10 月 5 日开始回购 3100 万瓶泰诺胶囊，销账高达 2.5 亿美元！之后，强生公司迅速研发出全新的安全包装。

强生公司时任 CEO 詹姆斯·柏克（James Burke）的这个决定不

仅挽救了泰诺这个品牌，还让它在客户的信任中不断成长。1983 年 2 月，泰诺的销量恢复到危机前水平，重回市场领导地位。这次泰诺危机真正反映了强生公司对客户负责任的使命感，也成了强生公司发展历程中的一个里程碑。到今天，强生已经超过 80 年实现连续销售增长，还被认为是世界上最受信任的品牌之一。

那么，强生公司究竟如何践行它的使命？

强生公司全球市场和销售副总裁苏·佩特拉告诉我们，强生公司的这份使命是强生的灵魂，也是强生作为一家企业提高人们生活水平的方式。佩特拉强调："这是企业与客户双赢的商业，而非免费的公益。强生公司在为客户创造价值的同时也获得利润，也只有这样才能持续为客户创造价值。"事实上，强生公司对于双赢的观念一直贯穿在强生过去几十年的历史当中。

我们访谈的所有优秀企业都把客户放在企业运行的中心，而且这些企业确实是说到做到，而并非只是宣传的噱头。除了强生之外，甲骨文公司同样认识到客户需求的重要性。"每一宗销售都是在解决一个客户的难题。"甲骨文公司北美销售执行副总裁凯斯·布鲁克说，"如果销售部门失败了，则企业也失败，客户也失败了。"

索尼电子也把消费者放在企业使命的中心。索尼电子高级副总裁肯·史蒂文斯说："消费者非常信任我们，如果我们让他们失望，就是严重的失职。"

类似地，在家用电器行业，虽然大多数公司都在同质化的趋势中投降了，惠而浦公司却仍然能够保持高价，就是因为惠而浦并不拘泥于产品性能，而是关注更高层次的客户利益和客户价值。惠而浦公司明白其使命并不仅仅是卖出产品，而是提供符合现今消费者需求和生活方式的产品。

事实上，索尼公司和惠而浦公司不仅仅关注并服务最终消费者，它们也非常关注其零售伙伴，因为只有这些零售伙伴的业绩好了，索尼公司和惠而浦公司才会成功。因此，这两家公司都拓宽了它们的使命，既包括最终消费者，也包括零售伙伴。

企业愿景和商业表现也有着紧密的关系。例如，长期担任健赞公司 CEO 职位的亨利·特米尔（Henri Termeer）就用这样一句格言指导健赞公司及其销售部门："好药就是好生意。"在霍尼韦尔公司，"绿色"不仅仅是一个口号，而且已经成为赢得新合约和激励销售人员的一个越来越重要的因素。

作为业绩管理和商业智能软件提供商的全球领导者，SAP Business Objects 公司也把企业的使命视为信誉和信任的基石。公司销售和营销高级副总裁兼总经理格雷格·罗登解释了"拥有一个超越季度销售业绩的更高使命"是如何让这家法国企业在美国市场获得成功的："当我在 1995 年加入这家企业的时候，大多数美国客户还不知道我们是谁，而且我们产品推出的时间要比 IBM 晚了不少。但当我们拥有一个超越企业业绩的更高使命时，它真的指引我们去到达原来根本达不到的地方。完成销售后我常常问客户，你们为什么从我们这里购买？他们经常这样回答，'你们愿意倾听，而且引起我们思考。'当然，这只是信誉建立的开始。不管你是在卖商业智能软件、服务器还是401K保险计划，客户并不想在这些领域成为专家，他们只想要一个让他们信任并且给他们提供价值的人。”

当一个销售组织清晰地向客户展示它以客户为中心的使命时，价格也就不再是最重要的因素。让销售发生的关键要素是客户需求、信任和金钱。如果客户需求有了，然后企业又能够建立信誉和信任，那么客户基本上都能提供金钱。

当然，所有企业的使命或宣言都很相似，都谈论正直、对员工和社区的投资。然而，真正重要的是要把这些落到实处。这就需要把高层战略转换成地方销售代表每天都在使用的实用技巧。

接下来，让我们看看强生公司的销售部门是如何做到把强生公司的使命每天都落到实处。

把销售资源和企业使命相融合

作为一个从实习销售人员干起，后来执掌强生好几个销售团队的人，强生公司全球市场和销售副总裁苏·佩特拉很有资格向我们阐述强生公司是如何把销售资源和客户需求对接，从而在与竞争对手的竞争中获得优势的。“最关键的地方在于我们对强生使命有强烈的信仰，所有的一切都从这儿开始。这种销售力量和企业使命的结合使得强生公司和客户形成更加紧密的连接，并且让产品更有人情味。这在抢占市场和提防快速抄袭者时都适用。”

为了衡量公司在践行企业使命方面做得如何，强生公司每两年会向全球所有的 12 万名员工发放调查问卷，从清洁工到总裁，包括所有的子公司、分部和集团总部。强生公司会向全公司发布调查结果，包括那些好的结果和不好的甚至丑陋的结果。通过在整个公司发布，强生让所有人了解他们在践行企业使命方面还有哪些不足的地方。而在两次调查之间的两年时间里，强生公司会在各子公司、分部进行小的“切脉”，了解局部的情况。

对于销售团队来说，他们需要知道践行企业使命以做到佩特拉所说的“和客户的紧密连接”。如果你是一个和医生打交道的销售人员，这意味着你要努力学会使用医学术语，不管是微创手术还是心脏手术，不管是常规销售还是医学研究。

和其他各行业顶尖的销售组织一样，强生公司的销售人员必须学会运用很多智力和知识资本。强生的销售代表们常常用流利的医学语言让医生们了解他们的新产品和新技术。同时，这些销售代表也必须明白患者的感受，和医生一起改善患者的体验。

正是因为强生公司的销售代表们能够从医生和患者的视角去看待医疗问题，再加上它优秀的研发和创新能力，所以它能够和客户形成紧密连接，并且让产品更有人情味，哪怕竞争对手有着相似的产品甚至更加低廉的价格。“强生的纱布质量和柔软度都对患者们更好，好到医生都愿意用自己的钱去买。我特别喜欢强生这种哪怕是最普通最无差别化的产品也有非常独特的特质。这才是强生公司真正区别于竞争对手的地方。”

正是因为强生对于企业使命的坚持，才让强生拥有这么多的成功：强生旗下的 Biosense Webster 品牌已经成为控制心律失常的电子生理产品领先者，Ethicon Endo-Surgery 品牌在快速增长的微创手术市场有着最大的市场份额，Cordis 品牌是第一个进入心脏支架市场的品牌。

佩特拉解释道：“在医疗器材领域，你一定要让产品更有人情味，才能和客户建立更紧密的连接。你要和医生建立战友情谊，教会他们使用最新的技术和器材，因为共同的目标都是让患者的一切变得更好。例如 Ethicon Endo-Surgery 品牌，在 14 年时间里销售额就快速从 2 亿美元增长到 20 亿美元，这真的很让人赞叹！但是我们赞叹的并不是金钱，而是我们创建了一个全新的市场——帮助外科医生，让患者们在直肠癌手术之后两天就能够回家，两周之后就可以上班，而不是像以前那样要在床上躺 6~8 周。这才是我们真正的使命。”

尽管大多数企业都有一个以客户为中心的使命，但是只有少数企业真正让自己的使命变成每天坚持不懈的努力。与强生公司类似，健赞公司也做到了这一点。健赞公司的销售高管丹·里根说：“我们在全国的所有销售代表都要有统一的使命感。这是让我们加班到半夜的动力，我们必须维护这种企业文化。”

健赞公司通过确保“经理管理的持续性”来实现以客户为中心的企业使命。健赞公司生物外科部门的销售负责人乔·布雷南说：“对企业使命的坚持源自企业领导层。举个例子，有一款我负责的产品 Epicel，团队一共只有 4 个人。如果有患者皮肤烧伤而且严重到医生没办法移植处理，医生就会寄一份皮肤样本过来，然后我们替他们培养皮肤。之前，在亚特兰大附近的一家糖厂爆炸了，就有很多伤者得到了我们的 Epicel 产品。Epicel 是一款拯救生命的产品，但是我们在 Epicel 上并不怎么赚钱，因为这款产品我们卖不了太多。健赞公司内部的最高销售奖项叫作阿尔卑斯奖，获奖者由 CEO 亲自选定，每年只颁给一个销售团队和一个销售代表。令我们惊喜的是，Epicel 团队几年前获得了这个最高奖项，而且 4 人团队中的一个销售代表还得了个人奖。要知道，Epicel 团队一共只有 4 个人，只创造了 800 万美元的收入，这在整个健赞集团 40 亿美元的销售总收入里完全可以忽略不计，但是我们却获得了由 CEO 亲自选定的最高奖项。这让我们能够很清楚地认识到整个健赞公司的使命是什么。”

一个销售组织是否努力实现企业使命，还可以从它的招聘、训练和道德标准等方面看得一清二楚。这在我们采访过的强生、健赞、思爱普、甲骨文和汤森路透等所有企业里都得以体现。

在招聘和培训中践行企业使命

实现企业使命的一个关键就在于对销售代表、销售经理等的招聘和训练。强生公司的佩特拉和我们分享了强生公司是如何处理招聘、训练和晋升的。

在很多医疗领域，医生大部分是白人男性，所以很容易得出的一个结论：强生也应该招聘同样的销售人员（白人男性）。然而，强生公司却没有这么做。原因很简单：尽管医生大都是白人男性，但是病人却有各种不同肤色。因此，强生公司从招聘开始就确保了销售团队的多样性，包括性别、种族、背景等都非常多样。

事实上，医生群体也不是铁板一块。伴随着社会的发展，也开始有越来越多的非裔（黑人）、亚裔、西裔（墨西哥人）等进入这个群体。无疑，强生公司在销售人员的多样性上是先行一步的。

关于招聘这一点，惠而浦公司北美销售副总裁山姆·阿布德努也有同样的做法。面对曾经非常成功，但是渐渐老去并且同质化的销售团队，阿布德努也主动去变革销售团队的招聘以应对越来越多样化的人口。这种多样性使得惠而浦公司和强生公司的销售团队和终端消费者能保持在同一个节拍上。

关于销售代表的培训，强生公司有整个行业里最好的培训，而且深谙此道。在强生公司，新招的销售代表会有 8~10 周的培训，包括综合销售技能和具体的销售技巧培训。而且，在强生公司的每一份销售工作都会涉及具体的医疗技术，每一个销售人员都得学习这些技术。例如，一个医疗设备销售人员就得在培训中学习电子生理学。佩特拉笑着说：“哥们儿，这可不容易。”

这些培训既包括在教室里的面对面培训，也包括远程培训。尽管远程培训在成本上要低很多，强生公司仍然坚持让销售代表和培训老师面对面交流，以期达到高于同行业平均水准的竞争力。例如，强生公司聘请了辛辛那提大学医学院的解剖学临床教授阿伦·鲁哈尔特（Aaron Ruhalter）作为强生爱惜康内镜外科公司（Ethicon Endo-Surgery）的培训部主任，他亲自培训了每一个销售人员，和每一个销售人员都进行了接触，从 1985 年至今无一例外。

在强生公司看来，对一线销售代表的培训，不仅仅是教授技巧和知识，更是建立团队精神。所以强生公司非常强调让新招聘的销售代表和公司里的每一个人接触，只有这样才能建立并强化新的销售代表对于强生公司使命的热诚信仰。

关于为什么要坚持面对面培训，佩特拉解释道："通过远程电子教学可以省很多钱，但是把所有人面对面放在一间教室里会建立连接和忠诚度。如果你只教授技巧，却无法让销售代表拥有信仰和忠诚，那你很可能就是为别的公司培训员工了。"

在强生公司，培训不是在 8~10 个月的训练期之后就结束，而是伴随着销售人员在强生公司的整个职业生涯。佩特拉说："这是打造一个有持续战斗力的销售部门的关键。销售部门要持续关怀并帮助你的一线员工。这是很大一份投资。"

强生公司为销售代表们提供了很多关于商业和职场提高的课程，如"如何成为有效的倾听者"。它还为销售经理们提供了很多工具和课程，如"领导者培训指南"。

佩特拉说："我们为了培养经理层的竞争力付出了很大的努力。所以我们会培训销售经理们如何指导销售代表，如何招聘新员工，如何反馈，如何评价员工，如何对待员工并且和他们沟通……这是经理层必须掌握的竞争力。更重要的是，销售经理们如何以身作则，成为践行企业使命的楷模。"

在强调使命感的同时，强生公司也确保经济上的激励。它给销售人员的薪资报酬非常不错，但并非同行业最高的。佩特拉解释说：

“我们不是通过付很高的薪资来留住人才，这不是强生公司最强的地方。使命感和荣誉感是让销售人员愿意留在强生公司的关键。”这一点，值得所有企业好好学习和思考。

和强生公司类似，其他优秀的销售组织也都非常重视使命感。思爱普公司的格雷格·罗登说：“如果你的企业只是想达到季度或者年度销售目标，那你很有可能会失去自己最好的员工。对我个人来讲也是如此。如果我的目标不是为了打造一个有长远使命感的最优秀的销售组织，那我可能早就辞职了。对每个人来说，工作除了获得金钱报酬之外，更重要的是每个人都希望有很强的影响力。要想激励别人，首先需要自己拥有热情，才能有积极的影响力。我的妻子最近告诉我，‘我从来没见到你这么有能量’。我们有四个年幼的孩子，但我每天回家都还有足够的精力陪他们玩。这得益于我对工作的使命感——打造一个伟大的销售组织。在这里我可以让员工学会专业的销售技巧，并且用正确的方法去做事，而非歪门邪道。因此，拥有一个超越销售业绩的使命非常关键。”

甲骨文公司北美执行副总裁凯斯·布鲁克也告诉我们：“高效的销售人员不是光靠‘金钱驱动’就能产生和留住的，关键是他必须拥有一种帮助公司和客户的更崇高的使命感。”

健赞公司的销售高管丹·里根说：“在健赞公司，销售是一种激情。”他指着一个名为托德的优秀销售代表告诉我们：“托德已经在健赞当销售代表 7 年了。在过去的 7 年里，有 6 年他都获得了健赞公司销售业绩第一名。那么，他是如何做到这一点的呢？支撑托德付出极大努力实现这一业绩的动力就是崇高的使命感。每天早上离开家去工作时，托德都会对自己的妻子说，'我要去拯救一些患者的生命了。'"

这也是健赞公司的企业文化。健赞公司的销售代表做PPT（演示文本）演示时，也会经常读一些患者写来的感谢信。正是因为健赞的药品对患者的生命产生了积极的影响，健赞公司的销售人员才会在心中充满自豪。

在健赞公司，企业对消费者的崇高使命也体现在对员工的关怀和开放的沟通里。健赞公司的另一位销售高管乔·布雷南说："我们既要对销售代表提出业绩要求，也要为他们实现目标提供帮助。如果一个销售代表家里出了什么事，那一定要让他优先处理那件事，这是获得忠诚的一个很棒的方法。类似地，如果有销售代表的行为越过了红线，其他销售代表就会站出来清楚地说：'这种事在我们公司不能发生。'"

如何面对道德困境

对于很多企业来说，要坚持以客户为中心的使命，最严峻的挑战就是如何面对道德困境。每个销售组织都会遇到这种事，而且是在不同的情境之下。

强生公司的苏·佩特拉说："销售代表是你的员工，你得爱他们并且在他们身上投资。这是强生使命的重要组成部分。但是爱员工并不代表员工可以为所欲为、背离企业使命。在强生公司，不道德的销售行为是不能容忍的，哪怕这种不道德的销售行为带来巨大的成功。

这是强生文化的一部分。这些价值观也是检验员工忠诚度的一部分。在强生公司上百年历史里，我们发现，正是强生使命里的那些规定，才让强生公司拥有这样长时间的不可思议的持续盈利表现。”

汤森路透主管全球法律业务的副总裁迈克尔·奥里克（Michael Orrick）告诉我们，“在汤森路透法律部门，道德标准十分关键。我们既要维持非常高的业绩要求，同时也要维持一个非常高的道德标准。我们要确定我们的道德和服务品质一直在我们的脑中占有重要地位。”

健赞公司的销售高管丹·里根说：“健赞公司的道德标准就掌握在所有销售代表的手里。这代表着在招聘新的销售代表时，我们首先要招聘有优秀道德标准的人。销售代表们一般都是一个人独自工作，他们可能一个月有 28 天一个人在外面，他们代表着公司的脸面。当销售代表走进医生的办公室，医生并不关心谁是健赞公司的 CEO，他所知道的仅仅是这个销售代表走进了他的门，而他眼前这个人，就代表了健赞公司。所以，我们必须保证我们的销售代表是个有着优秀道德品质的人。”

如何坚守使命

在强生公司，使命并非停留在口头上，而是实实在在地去做。那么，强生公司究竟是如何在销售中坚守使命的？在和强生旗下的卫康公司销售副总裁戴维·史密斯交谈之后，我们有了一个很清楚的认识。

作为可抛式隐形眼镜的市场领导者，卫康公司的总部设在美国佛罗里达州的杰克逊维尔（Jacksonville，FL），这也是我们进行交谈的地方。这次对话发生在我们与强生公司全球市场和销售副总裁苏·佩特拉对话的几个月之后。在这次对话中，我们并没有明确地将重点放在强生公司的使命上，但强生公司使命的重要性及其意义在戴维·史密斯的话语中充分显露出来。

和强生公司的其他医疗产品一样，卫康公司的安视优（Acuvue）可抛式隐形眼镜需要满足两类人的需求：第一类是眼科医生和相关专业人士，第二类是使用它们的最终消费者。

尽管卫康公司的销售部门相信可抛式隐形眼镜对医生和患者都有好处，然而，在刚开始的时候，销售并不是一件容易的事情。戴维·史密斯解释道："刚开始时，没有人觉得每周甚至每天扔掉隐形眼镜这个想法靠谱。医生们持怀疑态度。他们说他们不可能与病人保持良好的状况跟进。而且，隐形眼镜太贵了，人们并不会想要在使用它一周后就将其丢弃，他们会尽可能地延长其寿命。事实上，卫康公司的可抛式隐形眼镜方案在一开始是被严重怀疑的。1987 年，可抛式隐形眼镜在佛罗里达进行了第一次市场测试，之后才开始慢慢被市场接受。"

戴维·史密斯当时刚刚加入这个新机构。他回忆道："销售培训对我而言是一次非常独特的经历，因为第一天的上午，我们只做了一件事，就是研究强生公司的使命。"

紧接着第一次的市场测试，卫康公司决定为眼科医生免费提供可抛式隐形眼镜，以便让医生可以尽可能多地把免费样品给患者试用。半年之后，卫康公司获得了巨大的成功。卫康公司整个销售团队从1988年1月的30个销售人员增加到7月的150个销售人员。

在与隐形眼镜市场的领导者以及可抛式隐形眼镜的快速模仿者博士伦（Bausch & Lomb）公司的竞争中，卫康公司很快占据市场的领导地位。在短短三年里，卫康公司坐稳了世界隐形眼镜市场的头把交椅。

在卫康公司的可抛式隐形眼镜业务中，90%的生意是通过眼科医生和配镜师得来的。在它第一次推出可抛式隐形眼镜时，支持者大多数是小型的个体户经营的验光配镜店。史密斯说："我们很清楚地知道，我们非常需要配镜师的支持，因为卫康公司是市场的后入者，而且可抛式隐形眼镜是一个尚未被市场接受的新产品。我们必须满怀热情，不能有任何傲慢的态度。"

卫康公司要同时满足两类人的需求：患者和眼科专业人士。随着可抛式隐形眼镜在市场上的成功，像沃尔玛和好市多（Costco）这样的大型零售商也非常迅速地在其配镜部门提供了可抛式隐形眼镜。现在，卫康公司有45%的销售来自独立的配镜师，45%来自大的销售商，还有10%来自互联网和直邮订购。

然而，在2003年之前，卫康公司并没有把可抛式隐形眼镜放在互联网上或者通过直邮售卖。因为在美国，没有配镜处方而直接售卖隐形眼镜是违法的。面对当时的互联网销售这个灰色地带，卫康公司做到了坚守使命，而不是让销售收入凌驾于企业使命之上。2003 年，美国国会通过了一条联邦法律，从此互联网和直邮零售商可以统一遵守配镜处方法律并且和医生验证配光单。在那之后，卫康公司也开始把可抛式隐形眼镜放在互联网上或者通过直邮售卖。

卫康公司也做大量的直接面向消费者的广告。对于大多数高品而言，消费者看到广告之后可以直接去商店购买该产品。然而，卫康隐形眼镜与大多数消费品不同，消费者看到卫康公司安视优可抛式隐形眼镜的广告后却无法直接购买。他们首先需要打电话和眼科医生预约验光的时间，因为美国法律要求消费者购买近视眼镜时需要医生的处方。所以，卫康公司的销售人员必须能影响到眼科医生，否则再多的广告都是徒劳。因此，在卫康公司，衡量销售代表是否成功的方式是销售代表离开医院或者药房时，他确定自己已经影响了该医院的眼科医生。

卫康公司销售副总裁戴维·史密斯说：“在卫康公司，销售代表的目标不是去卖多少盒隐形眼镜，而是带着一颗被卫康公司的超凡品质、安全性、舒适性和总体价值感动和激励的心，去影响配镜师，让更多的终端消费者戴上我们的隐形眼镜。”

在拜访验光师时，卫康公司的销售代表首先会和医生讨论使用安视优隐形眼镜的直接原因，这包括安全、功效、简便和价格。然后，销售代表也会告诉验光师：“对了，现在即将到开学的时候了。大多数人都是从青少年时期开始养成戴隐形眼镜习惯的。我们来谈谈安视优隐形眼镜会如何帮你留住顾客。”

当沃尔玛和好市多这样的大型连锁零售商以及互联网电商和直邮零售商也开始售卖隐形眼镜时，很多个体配镜店的生意都遇到了困境。卫康公司看到这种情况之后，便致力于帮助那些小型的个体验光配镜店能够更好地生存下去。卫康公司的销售代表与这些个体配镜店积极分享卫康公司对于消费者偏好以及配镜行为的洞察，告诉这些个体配镜店要善于提供便捷的优质服务。其实，很多时候价格并非消费者最关心的因素，最重要的往往是便捷和服务。

类似地，卫康公司也会和沃尔玛、好市多等大型连锁零售商的配镜部门分享自己对于消费者行为的洞察。卫康公司会做很多市场调查和顾客反馈。例如，卫康公司会去了解消费者走进沃尔玛配镜柜台的原因，他们在想什么，他们买隐形眼镜需要克服什么困难。卫康公司把这些市场洞察和销售人员共享，然后再由销售人员和零售商共享。

在上述的多渠道销售过程中，卫康公司的销售代表一般都是“渠道专员”。在计算某一个地区销售代表的销售业绩时，该地区的所有独立配镜店、大型连锁零售商的配镜部和大型眼镜连锁店都会计算在该销售代表的业绩之内，甚至，互联网电商或者直邮零售商的业绩也会按照消费者的所在地区来折算该地区销售代表的业绩。

卫康公司的销售团队分为电话销售团队和现场销售团队。电话销售团队主要处理一些因为地理或者人口分布原因而无法被现场销售代表有效服务到的客户。以前，电话销售团队与现场销售团队之间通常不共享客户，但是在最近几年，卫康公司推出了销售领导力发展项目（SLDP）作为销售经理人才发展的储备池，电话销售团队和现场销售团队里的优秀代表都会参与到该项目之中。

通常，卫康公司喜欢雇用有3~4年工作经验的销售代表。随着销售业绩越来越好，卫康公司发现未来会缺乏优秀的销售经理。于是，卫康公司开始去各个大学招聘，大量选拔各个顶尖高校的优秀学生，让他们同其他高校的优秀毕业生竞争。经过两年的培训和实践之后，很多优秀的现场销售代表就可以被派往全美各地了。

在大学招聘时，卫康公司销售副总裁戴维·史密斯对学生们说："我们不是招聘销售代表，我们招聘的是未来的销售经理和商业领导人。我们不能告诉你多久之后你就能成为销售经理、区域销售经理或者销售总经理。但是，要想成为未来的经理，最好的开始就是跟客户在一起。所以你的第一份工作就是电话销售代表或者区域销售代表。"

在销售代表的职业成长过程中，卫康公司提供了大量的培训和反馈，以提高销售经理对销售代表的指导能力。史密斯解释说："我们做过很多分析，发现销售经理对销售代表的培训和指导是我们能否推动整个销售队伍提高业绩的决定性因素。卫康公司最重要的人是那些一线销售经理。我们一直在问自己，有办法让销售经理对销售代表的培训和指导时间从每星期3天提高到每星期4天吗？增加销售经理的培训和指导时间有哪些障碍可以清除？如何保证销售经理培训和指导的质量？"

为了帮助员工的职业成长，卫康公司还非常重视销售部门和营销部门、销售分析部门的配合。卫康公司经常让员工去不同岗位轮岗，以增进他们对公司全局的了解。通常，销售部门与营销部门、销售分析部门会共享 4 个关键指标并共同负责：销售增长率，市场占有率，客户沟通情况以及客户满意度。为了计算客户满意度，卫康公司开发了一个净推荐值指标，即用愿意推荐卫康公司产品的客户比例减去不愿意推荐卫康公司产品的客户比例，来衡量客户满意度和忠诚度。

卫康公司还会邀请不同部门的优秀代表加入卫康公司的营销顾问委员会。成立该委员会的目的就是为了让销售部门有机会向营销部门反馈他们所需要的销售支持。在重要的决策之前，营销顾问委员会还会举行以医生和病人为对象的焦点组访谈，以确保卫康公司的各项活动是医生和病人所需要的。

在这里，特别值得一提的是卫康公司的销售分析部门。史密斯认为，销售分析是卫康公司能够把客户需求放在第一位并最大限度满足客户需求的最大贡献因素之一。

史密斯解释道："几年之前，卫康公司并没有独立的销售分析团队。我们之前曾有销售管理部门，做出了很多销售报告。但是，它只是在单纯地生产报告，并没有生产对市场的洞察力。我们生产的只是一堆没用的数据，而非有用的信息和知识。所以，在 2004 年，我们决定投入人力、物力和金钱，建立了销售分析团队。销售分析团队给我们带来了非常大的变化，现在，我们的销售代表只需花费很少的时间去读报告，却可以获得比以前多得多的市场洞察。"

例如，卫康公司销售分析团队给出的一个重要洞察，是对验光师进行了 4 个类别的新型细分。在此之前，卫康公司从未对验光师真正做过正式的细分。基于忠诚度、购买力以及对创新和新产品的接受度，销售分析团队将卫康公司的验光师客户细分为 4 个类别：忠诚的创新者，忠诚的保守者，竞争性创新者，竞争性保守者。针对每个类别，卫康公司分别定义了 8 条适合的销售实践指南。

在卫康公司的早期，新产品发布很少，且间隔时间非常长。在卫康公司于 1987 年将第一款可抛式隐形眼镜带上市场之后，它又相继于 1991 年、1995 年及 1998 年发布了第二款、第三款和第四款隐形眼镜。进入 2000 年之后，卫康公司的研发努力有了显著成效，平均每年会发布两款新产品。今天，卫康公司安视优隐形眼镜的产品线包括了日抛型隐形眼镜、可入睡型隐形眼镜、双焦镜、散光矫正眼镜和美容镜片等。

新的细分方法帮助卫康公司有了上述这些能更准确地针对客户需求的产品，体现了卫康公司以客户为中心的使命感。由于对客户及其需求的了解更深入，卫康公司已经大幅度提高了它与配镜师讨论商业实践问题以及病人问题的能力。不同于对一款产品或销售举措的单一销售辅助手段，卫康公司现在已经发展出了 4 种以彩色编码分类的销售辅助手段，分别针对 4 个验镜师细分类别。

有了 4 个类别的新型细分之后，销售团队就会向不同的客户类别使用不同的销售辅助手段。史密斯解释道："在此之前，营销部门通常会设计出一个精彩的故事，并且会是一个忠诚的创新型客户想要听到的最佳故事。现在，有了 4 个类别的新型细分之后，销售部门就会说，'对忠诚的创新者来说，这确实是一个非常棒的销售辅助手段，但是我们还需要其他的销售辅助手段，以针对其他类型的客户。'"

新的客户类别细分也改善了销售经理对销售代表的指导。在实行这个新的细分方法之前，销售经理通常会联系一位销售代表说："我们在电话里要讨论什么呢？我们要销售更多的产品。那么，我们开始行动吧！"有了新的客户类别细分之后，销售经理联系销售代表时会说："这个客户从细分类型来讲是个忠诚的创新者。这里是他与我们的业务往来记录和状况。所以根据他的细分类别特点和他通常的决策方式，以及购买的产品类型，这是我们能给出的针对他的销售辅助方案。"

通过更精确的客户细分方案，卫康公司加强了其在处理客户关系，并就客户需求给出更好服务的能力。这与卫康公司所注重的更高使命是分不开的。

为了实现更高的使命，卫康公司及其母公司强生公司还在卫康公司总部附近创立了强生视力保健研究所，并在位于波士顿的新英格兰验光配镜学院、位于宾夕法尼亚州的宾州验光配镜学院，以及在巴西、中国、捷克、迪拜、韩国和泰国等全球各地都设立了研究分中心。

目前，在美国的强生视力保健研究所和各研究分中心已经招募了全美国 19 所验光配镜学院的学生。强生视力保健研究所以无品牌、无特定产品为特点，它的成立是为了眼科医生的教育培训，为此，它经常举办技能培训研讨会和专业隐形眼镜验光培训。研讨会包括了商业实践问题与纯粹的医疗问题的讨论。甚至，研究所还联合沃顿商学院进行了"首席验光师"培训项目，以帮助个体验光配镜店学习商业实践。

很多人可能会反驳说只有像强生这样的大公司才有钱投入更高的企业使命，但是要记住佩特拉在我们采访伊始就说过的一句话："强生所秉持的使命并非公益或利他主义，这是共赢的商业。”从长时间来看，强生公司的双赢思想已经产生了无与伦比的绩效。

结论

对于强生公司而言，其企业使命远比其他任何事物来得重要。强生的使命激励了强生公司以及包括卫康在内的众多子公司走向了成功。对于卫康公司来说，从 1987 年成立，仅用了 20 年时间，其年度销售收入就达到了 20 亿美元！

客户导向型的企业使命有一个最大的优点：让企业保持灵活性，能随时抓住新的市场机遇。史密斯告诉我们，“卫康公司刚开始时是一个隐形眼镜制造企业。但是我们的使命是眼部护理和视力保护。我们有一个小的制药部门生产眼镜用药，我们还会把注意力集中在寻找与眼部护理和视力保护相关的其他机会上。”而在识别渠道和终端客户需求及其带来的新市场机遇上，销售部门无疑起到了至关重要的作用。

强生公司不是唯一一个认识到客户导向型使命的重要性的企业。在我们采访的优秀企业中，联邦快递、健赞、霍尼韦尔、甲骨文、思爱普、索尼电子、汤森路透、惠普等公司也都强调自己的使命。

SAP Business Objects 公司的企业使命也是以客户为中心，这是一个超越季度销售业绩的更高使命。正是因为这样的使命，该公司的年度销售额纪录一次又一次被打破。格雷格 · 罗登每年在企业年会上都会很高兴地向他的销售团队宣布，“女士们，先生们，在过去的一年里，我们又一次取得了惊人的创纪录成绩！”

在霍尼韦尔公司的伟大转型中（详见第二章），因为销售团队肩负着拯救企业命运的使命，所以每个人的工作都感受到了巨大的动力。这种伟大的使命感甚至还让不少曾在公司不景气时离开的优秀员工重新回到霍尼韦尔工作。

索尼电子和惠而浦公司也都有着相似的经历。这两家企业的崇高使命使它们维持了在市场中的领导地位，尽管当时家用电器行业非常不景气（详见第三章）。

当然，使命感不是灵丹妙药。正如我们知道的，它必须靠一天一天的努力去实现。但是对一个伟大的销售组织来说，使命感是一个必不可少的重要因素。

优秀的销售组织为什么要有使命感

- 建立可信度以及客户对公司的信赖；
- 去商品化，建立超越竞争对手的差异化优势；
- 帮助实现与客户需求一致的资源分配；
- 吸引最优秀的销售人员，通过培训和指导发展其职业生涯，鼓舞他们实现“超过上级要求”的工作业绩；
- 更加开放地拥抱新机会，提高企业的创新程度，从而更好地服务客户并实现利润。

第六章

“销售 +”：打造优秀销售组织的新模式

即便是在今天，很多人一说起“销售”二字，仍然会觉得有些不屑。也正因为如此，在一家企业内部，销售部门往往无法抬头挺胸去面对公司的“核心部门”——市场部门、财务部门、研发部门、制造部门等。

然而，对于任何企业，业务的起点都需要面对客户，说服客户相信其提供的产品价值，并且让客户愿意用辛苦赚来的钱购买企业提供的产品和服务。所以，除非发生销售活动，否则企业不会有任何收入。销售部门就是连接客户和企业的桥梁。但是，销售部门却往往没有得到应有的尊重。

正如我们在本书中所展示的那样，这种忽视销售重要性的观点，在当下无疑是站不住脚的。我们采访的诸多优秀企业都把销售作为核心职能。

打造优秀 B2B 企业销售力的五大要务

在前几章中，我们说到，优秀的销售组织通过做下面五件重要的事情，以发挥作为连接企业和客户桥梁的影响力：（1）前线领导；

（2）建立和保持以客户为驱动力的文化，激励并放权给销售团队，甚至整个公司；（3）持续提升销售的科学性和客户关系的艺术性；（4）大胆试错，试验并完善满足客户需求的最好销售模式并不断创新；（5）在销售活动中践行企业的崇高使命。

第一，伟大的销售组织靠的是优秀的销售领导力。优秀的销售领袖经常会以身作则，到销售第一线去观察、监督、培训、指导，甚至亲自销售。这样可以保证他们不会被数字或报告蒙蔽双眼，而是能真正理解客户行为和掌握整个销售组织的表现。

我们采访过的优秀销售领袖们都认识到传统的“命令—控制”式的领导方式已经过时，所以他们都以身作则，并和销售团队及客户紧密合作。他们充分授权给销售人员，以便销售人员主动为客户创造并传递价值。在客户心目中，这些销售领袖们是最可靠的商业伙伴。这些销售领袖们还善于倾听，努力从销售人员和客户身上学习市场的变化，以及如何更好地满足客户需求。

在企业内部，以客户为驱动力的销售部门也在整体层面发挥同样的领导力，通过识别客户需求，并与其他部门一起合作，从而更好地创造和传递客户价值。销售部门是企业进入充满复杂性和危险性市场的先锋，也是企业赢得竞争优势的关键。

第二，以客户为驱动力的销售组织需要在人力资源上进行相应的分配，以实现前线领导并鼓励销售人员践行企业使命。销售领袖们首先需要培养卓越的企业文化，并通过具体的销售活动来管理销售人员，而非以短期绩效为目标，这才是获得绩效的最佳方式。这些优秀的销售组织将物质激励、荣誉奖励与客户需求统一起来，并通过清晰的预期目标和透明的衡量标准来实现。

第三，今天的商业环境充满了复杂的挑战和残酷的竞争，这要求一个销售组织要持续增加其知识资本。一个销售组织只有不断提升销售的科学性和客户关系的艺术性，才能真正成为以客户为驱动力的销售组织：能够预测并满足不断变化的客户需求，在不同的客户细分群体和销售渠道做更加精确的资源分配，持续革新和改进销售流程与销售运营，销售人员进化为通用型销售代表和专业型销售专员两种角色，通过复杂的销售分析以获得根本性的顾客洞察。

第四，以客户为驱动力的销售组织敢于试错，拥抱变化。优秀的销售组织杜绝自满，永不停止对更好的销售实践的追求。为了实现这个目标，优秀的销售组织持续地在销售部门内展开实验，培养敢于冒险的创新型销售人员。优秀的销售组织认为成功只有通过不停地试错才能发生，所以它们在员工失败时会鼓励员工从错误中学习，只要这个错误发生在真正努力提高和传递客户价值的时候。但是，在重复犯同样的错误这件事情上，优秀的销售组织都设定了限制。优秀的销售组织鼓励大胆试错，对试点项目采用“要么失败，要么规模化”的模式，以发现最好最有效的销售实践，并对此进行规模化来提高生产力。

第五，以客户为驱动力的销售组织的根本是树立高的使命。记住，企业使命并不排斥商业，这不是公益和利他主义，而是创造企业和客户双赢的最佳方式。当销售组织有业绩和利润目标以外的使命感时，销售人员就与客户建立了信任关系，并获得了竞争中的比较优势。这种使命感需要企业将公司资源和客户需求保持一致，同时要吸引最好的人才并加快对他们的培训和指导。这种人才的获取方式既有利于销售部门人员的储备，也有利于未来销售领导的人才选拔。正如一个销售高管告诉我们的，"除非你自己被激励，否则你激励不了别人"。最重要的是，专注于更高的使命可以防止自满，并使得销售组织更加灵活地应对客户行为和客户需求的变化。

我们认为，以上这五种相互联结的特点代表了优秀销售组织的新模式——"销售 +"模式。

"销售 +"模式

在一种新产品或者服务的早期阶段，当一家企业具备比竞争对手更大的价值和优势时，销售工作就相对简单。销售人员只需要传递其产品或服务优越性的信息，然后让购买者自己做出决定。

但是，随着产品和服务的成熟和同质化，即便那些有着强大研发部门的企业，也会失去在行业里面的绝对优势。竞争对手在人力资源和产品技术上很快都会赶上来，缩小与市场领先者的差距，甚至通过价格等优势不断蚕食市场领先者的市场份额和利润。面对这种情况，你的企业应该如何应对？我们认为，答案就是"销售 +"模式。

我们采访的各家优秀企业就是应用"销售 +"模式的活生生的例子。这些公司是这样做的：

- 深入理解客户面对的重要商业问题；
- 细分市场并识别企业自身产品和服务可以真正帮助到的客户群体；
- 创造新的产品 / 服务 / 应用 / 流程，并通过销售等与客户打交道的部门去传递客户价值；
- 为面向客户的部门提供客户洞察，帮助他们发现机会，计算每一个客户的投资回报率，确认哪些客户是最优先的客户。

为什么这些优秀企业都会选择“销售 +”模式呢？因为这是企业可以掌控的差异化优势的一种形式，而且不依赖于产品或者科技。在“销售 +”模式中，企业获得的差异化优势首先要依靠深刻理解客户面对的商业问题。这种类型的差异化优势在于：

- 无法被竞争对手复制，无法被竞争对手以逆向倒推的方法模仿；
- 企业的增长不用受制于那些所谓的“爆品”，事实上，大多数企业从来都等不来所谓的“爆品”；
- 提高业务增长率和利润率；
- 在想要低价的客户群体里，进一步创新低价的渠道和销售策略。

那么，这些在“销售 +”模式下成功的企业有什么特点呢？

- 销售部门和市场营销部门有着非常密切的互动关系，从而有助于这些企业重点发展那些被客户高度关注的产品或服务；通常，市场营销部门会为销售部门提供重要的客户洞察；

- 销售部门通过培训和指导项目能够培养出优秀的销售人员，这些销售人员可以和客户的高管或采购负责人直接对话，与客户清楚地沟通企业的产品或服务可以如何帮助客户产生最大的投资回报率。在这个过程中，市场营销部门会为销售部门提供其他客户的成功案例；
- 销售部门拥有数据、案例和专家，从而真正为客户“提供”（而不仅仅只是“描述”）各种产品、服务或解决方案。只要客户需要，企业就会加大投资以为客户提供真正的解决方案，而非各种东拼西凑的解决方案。

通过“销售+”模式应对经济危机

我们发现，在2007—2008年金融危机导致经济大萧条期间，这些优秀的销售组织都运用了“销售+”模式。它们都致力于做到本书中一再阐述的五大要务：（1）前线领导；（2）建立和保持以客户为驱动力的文化，激励并放权给销售团队，甚至整个公司；（3）持续提升销售的科学性和客户关系的艺术性；（4）大胆试错，实验并完善满足客户需求的最佳销售模式，并不断创新；（5）在销售活动中践行更崇高的企业使命。这五大要务为企业带来了优秀的智力资本、道德资本和人际关系资本，从而帮助这些企业比竞争对手更好地应对经济萧条带来的困境。

汤森路透主管全球法律事务的副总裁迈克尔·瑞克告诉我们，“在汤森路透法律部门，我们应对经济危机、从萧条中摆脱出来的方式是：启用“销售+”模式这种全新的方式来获得客户的声音。一个伟大的销售组织可以带回非常丰富的客户信息，这在如今客户需求变化速度如此之快的环境下，尤其重要。”

为了应对经济危机，当时汤森路透的销售部门与客户开展了一系列“销售+”活动，以进一步丰富服务内容，提供销售增加值。这些“销售+”活动共分为三个阶段：

第一阶段，就如移开路障一样，首先需要铲除错误。企业可以立刻做哪些改变？如何使产品或服务给客户带来更大的价值？

第二阶段，需要客户的共同参与，了解客户在未来一两年中的各种需求及其优先级。什么是客户未来一两年中的业务重点？

第三阶段，与客户进行长期的战略合作。只有那些与客户关系十分密切的资深销售和大客户管理人员才能完成上述的第一阶段和第二阶段，并进入第三阶段。在这个阶段中，企业和客户开展的合作是未来五年客户行业的发展方向，以及在这些行业变化中，如何帮助客户做出应对。正是通过这样的长期战略合作，企业帮助客户增强其在行业中的思想领导力和产品领导力。

上述三个阶段的“销售+”活动都是超越产品和领域知识的。这比产品的范围要广得多，带领企业发现尚未开发的市场空白领域。

销售部门是企业的尖刀

索尼电子高级副总裁和首席营销官迈克·法苏洛（Mike Fasulo）告诉我们："销售部门永远是企业的尖刀，其最大的价值是通过与客户建立长期关系，真正实现企业的品牌化。"这些责任自然落在了销售人员身上，因为销售人员才是最好的能够双向理解并双向传递信息（从企业到客户，从客户到企业）的人。

迈克·法苏洛与我们分享了在经济危机时期与其大客户好市多的双赢案例。对于索尼电子销售部门来说，其中最大的挑战就是：在好市多超市里，消费者是自助购买产品的，没有售货员的人工帮助。

好市多是一个著名的会员制折扣超市。通常，在巨大的好市多超市里，消费者购买商品就如寻宝一样。然而索尼是一个代表高质量高价格的品牌，那么索尼该如何与好市多这样的超市实现合作呢？

在索尼内部有一个"索尼家族"的概念，包括索尼影业、索尼音乐、索尼电子、索尼计算机和索尼娱乐等，这些共同代表了索尼的品牌故事。但是问题在于，如何在好市多超市这样的零售环境中传递"索尼家族"的品牌价值？

为了更好地传递"索尼家族"的品牌价值，也为了与摆在好市多超市里的其他电子产品品牌有明显的差别，索尼电子的销售代表想出了一个好创意：在好市多超市的展架上，把所有索尼家族的产品集中展示，让客户一次性看到索尼公司的所有产品。结果证明，这种把索尼电视机、索尼蓝光 DVD 播放机以及其他索尼相关产品捆绑为"索尼家庭影院”的营销方法，为好市多超市的会员产生了家庭娱乐一站式解决方案的更大价值，同时也与其他竞争品牌更好地区分开来。

投资销售部门的知识资本

在经济全球化的今天，技术创新的效果很少能够持续超过6~8个月。因此，企业要想从同质化的陷阱中逃离出来并与竞争对手实现差异化，就需要销售人员真正理解客户的商业挑战，并能够对客户的公司增加价值。这需要企业对销售部门的知识资本进行巨大的投资，并用客户的视角来培养销售团队的商业技能。每一个优秀企业的销售部门都有自己的特点，但是它们都致力通过知识资本和商业技能为客户增加价值。

施乐公司美国解决方案事业部总裁凯文·沃伦（Kevin Warren）告诉我们：“为了挺过经济危机，我们需要强化我们的竞争姿态，所以我们还是把注意力集中在销售人员身上。我们不停地招募销售人员，培训他们，并且保持我们为他们建立的诸如“总裁—销售人员俱乐部”这样的激励项目，尽管很多竞争对手公司已经缩减了这样的项目。这些做法很好地帮助了施乐公司。当经济形势慢慢好转时，我们就比萧条期更强壮有力。建立一个销售部门不是一件容易的事情，但这是非常具有竞争优势的。”

在我们谈及经济萧条对企业的影响时，其他销售领袖们也表达了同样的观点。思科公司全球运营执行副总裁罗博·劳埃德告诉我们，销售部门的知识资本使思科在解决经济萧条问题时更加灵活，并帮助思科的合作伙伴和客户一起挺过难关，继续进入新型市场。

甲骨文公司北美设备销售高级副总裁马特·米尔斯（Matt Mills）告诉我们，在经济走下坡路时，在无法通过交易量扩大企业规模时，拥有擅长解决行业问题以及客户商业问题的销售代表就显得极其重要。解决客户的商业问题可以为客户创造更高的价值，当然也为销售部门创造更高的价值。因为，客户的问题从来就不是一个软件或者技术的问题。企业需要使用技术为客户解决问题，而这些问题的解决可以创造 4~5 倍于传统产品交易的业绩。

甲骨文公司北美地区销售副总裁凯斯·布鲁克也告诉我们，在经济下滑期，成为客户忠实的顾问并帮助其挺过难关尤为重要。当大多数竞争对手都在缩减规模时，甲骨文公司还保持持续创新，并不遗余力地给客户提供巨大的资源和知识资本。“这是我们成功最重要的因素。我们从来没有停止对客户的投资，也没有停止对自己的投资。在竞争对手缩减规模的同时，我们持续保持主动性，开展销售力培训，在公司各个层面培养销售力文化。我们持续强调做正确的事情，并以身作则，在前线领导。正是由于我们时刻坚持客户第一的原则，甲骨文公司在过去十年里取得了行业内完全无法想象的成功，包括软件、硬件和服务。”

正是通过其出色的销售人员和优秀的企业文化，在竞争对手因为经济不景气而停滞不前时，甲骨文公司却变得越来越强大，并且和客户的距离越来越近。销售部门的素质和诚信，再加上甲骨文公司世界一流的解决方案，使得它可以帮助客户快速获得回报和影响力，并帮助客户在经济下滑期也获得成功，在竞争中脱颖而出。通过帮助客户实现前所未有的成功，甲骨文公司也在竞争中轻松取胜。

通过“销售+”模式找到未来增长点

惠普公司全球高级副总裁布鲁斯·道格仁（Bruce Dahlgren）告诉我们，在艰难时期，很多企业都聚焦在产品和服务上，但是，这些企业却没有同样去关注和确保销售人员是否也随着产品在改变，并且准备好足够的技术和支持去销售这些新产品。

显然，这不是取得成功的方法。销售部门以及支持它的市场营销等部门都要一起发生改变，以应对日益变化的市场环境，并开发和执行新型销售模式。企业不能只是出去招募并培训销售人员，而不去努力调整市场营销策略和销售运行支持。

当企业确实能够联合市场营销、销售运行和销售等各部门资源时，就可以在现有客户或者潜在客户中，通过提供附加价值的解决方案而显著增加市场占有率和潜在的商业利润份额。而要实现这一点，销售部门必须能够说服客户公司内的最终使用者和包括CEO、CFO、CIO在内的高层决策者。

布鲁斯·道格仁说：“我通常告诉销售团队，当你向客户介绍新的理念，而客户说‘不’的时候，销售活动才真正开始。当你需要客户去做些计划之外的事情，你必须有高附加值的解决方案提供给他们。如果客户对你的产品没有任何异议，那我们为什么需要销售团队？”

惠普公司的销售团队以“咨询顾问”闻名于世。那么，什么时候企业可以声称自己拥有一支咨询顾问型的销售团队？咨询顾问型的销售团队不仅仅是满足客户已有的需求，还需要向客户介绍新的理念、宣传新的价值，并创造新的需求。而要做到这一点，需要包括销售部门、市场营销部门等在内的跨部门调整和改变。市场营销部门不能只是采用普通和广泛使用的市场方案，而要重新规划销售流程并提供顾问式营销，以支持销售团队的顾问式销售。这是企业支持核心主业并找到未来增长点的不二法则。

类似地，思科公司也通过提供销售增加值以应对经济萧条。经过历年的扩张，思科公司的产品已经从核心的网络技术扩展到周边市场的新领域。这样的产品扩张方式给思科公司的销售部门、销售渠道以及客户都提出了全新的挑战。因为，思科公司当时的营销策略和服务策略都没有跟上产品策略。

为了解决这个问题，思科公司的罗博·劳埃德当时启动了一个叫作思科3.0的项目。他做的第一件事就是争取公司高级管理层的支持，包括思科公司CEO约翰·钱伯斯和其他董事会成员。

这个项目的目标是改变思科公司与全球前30名客户的关系，并提升思科公司为客户提供的体验。通过思科3.0项目，思科公司得到了来自客户的真实反馈，包括客户希望有更方便和更持久的销售体验，以及客户希望保持某种程度的联系。当时，思科公司在销售部门做出了一个重大改变：为思科 3.0 的大客户设立了客户总监这个专门职位。思科公司全面巩固了客户总监背后的全球资源，并且支持他们引领这次客户层面的变革。

思科 3.0 这个测试项目最终演化成更广泛的名为“一个思科”的新项目。顾名思义，“一个思科”这个新项目致力于思科公司不同部门之间的合作、连接和投资协调，以使思科公司能够用更快速、更便捷、无缝对接的方式把价值传递给思科的客户和世界各地的合作伙伴。

为了支持这个努力，思科公司还通过可视化技术和企业级社交网络工具与全球前 30 名重要大客户公司连接，这使得思科公司各个不同部门可以为客户解决一系列问题。它还整合了全球各地的渠道合作伙伴为客户提供支持。在整合渠道合作伙伴资源方面，思科的能力是业界少有的。劳埃德告诉我们，“我们特别喜欢这种感觉，在思科公司之外，每天都有 25 万人销售思科公司的产品，并与思科公司的销售团队无缝对接，一起为全球客户提供服务。”

说到这一点，思科公司全球合作伙伴高级副总裁温蒂·巴赫（Wendy Bahr）指出，在大客户以外的很多领域，思科公司在全球各地的合作伙伴都会领导销售工作，而思科公司的直接销售部门则会发挥支持作用。这个流程是约翰·钱伯斯早期就做出的决定：思科公司和外部销售合作伙伴必须相互帮助。很多公司与渠道合作伙伴只有利益共生模式，但思科公司与渠道合作伙伴还有价值共生模式。

温蒂·巴赫解释道：“我们在新技术发展上不停突破，与此同时，我们也以咨询合作的方式发展能够给客户提供解决方案的渠道合作伙伴。思科公司和合作伙伴永远保持同一条战线。在经济萧条时期，思科公司仍然持续提供项目支持和激励机制，所以我们才能以更强壮的姿态与合作伙伴一起渡过难关。这一点真的帮到我们，让思科公司能够熬过来，走出困境，同时变得更好更强大。”

在思科 3.0 项目的发展和为客户提供的“一个思科”项目的执行方面，思科公司的渠道合作伙伴也能够很大程度上扩大客户总监和大客户管理者的资源。思科公司北美客户支持高级副总裁乔治·奥米拉（George O’ Meara）告诉我们，客户总监和大客户负责人不仅可以获得思科公司的技术支持，还可以获得来自全球渠道合作伙伴的技术帮助。

“一个思科”项目最具有前瞻性的一点就是彻底摧毁了思科公司之前非常交易化的销售模式。为了使得巨大的扩张投资得到回报，思科公司与客户建立了咨询顾问式合作关系，并建立一个有竞争力的销售基础。这反过来也意味着，思科公司不仅销售网络解决方案，还有整个数据中心以及更大规模的其他项目。

事实上，像任何一个大型变革项目一样，思科 3.0 项目也要主动去战胜公司内部的保守势力，从而提高项目成功的可能性。尽管这个项目所面临的变革恰巧发生在经济萧条期，但是它仍旧对大客户产生了积极的影响，这些大客户后来成为思科公司业绩增长最快的部分。

当我们与罗博·劳埃德和他的同事们谈到思科 3.0 时，他们正致力于继续发展另外 500 个大客户、那些被思科公司认为具有变革力量的客户——它们不仅规模巨大或发展潜力巨大，而且这些客户真诚地希望进行转型。思科公司希望和合作伙伴联起手来，为客户提供最好的产品和服务。

结论

正如本书采访的这些全球优秀企业所展示的，它们在以下五个方面表现都非常突出：（1）前线领导；（2）关怀下属，充分授权；（3）提升销售的科学性与客户关系的艺术性；（4）敢于试错；（5）在销售中践行企业使命。无疑，这五大要务代表了在 B2B 环境下，企业获得持续性成功最重要的特点。

在这些全球优秀企业里，销售部门都被视为公司的核心部门，销售人员也被视为公司内部的英雄人物：销售高管有机会成为公司的最高层领导；销售部门与市场营销部门、财务部门等平起平坐，共同为公司谋求发展和利润；对销售部门的投资被视为对企业未来的重要投资。这些优秀企业都是以客户为导向的，并且为此非常自豪。它们知道，只有发生销售，企业才有生存的可能。它们知道，客户对企业的满意和忠诚不仅来自企业提供的产品和服务，更有赖于优秀的销售部门在产品和服务的基础上进一步提供附加价值。它们知道，销售部门是市场营销部门理解客户需求的关键，也是财务部门理解利润的关键。这些顶尖企业的销售部门都率先开始了一种新的“销售 +”模式，把和竞争对手的距离拉得越来越远。它们知道，是否以客户为驱动力，并有能力通过销售来提供价值并实现利润，是企业竞争力的根本。

要学习这些全球顶级企业的成功秘诀，单纯仿效其中一两个方面是不够的。这五大方面，就是打造优秀 B2B 企业的五大要务。

你一定可以做到，你也没有其他选择。

《销售为先》联合出版人

以下联合出版人对《销售为先》一书的出版给予了大力支持，特此感谢（排名不分先后，按姓名拼音排序）！

白二把　邻汇吧创始人

蔡明霞　深圳市前海维恩科技有限公司总经理

陈超峰　怀化益兴商贸有限公司总经理

陈一红　深圳市泰乐康科技有限公司董事长

陈　忠　福建省莆田市中涵机动力有限公司董事长

郭将杰　杭州茉莱芊草投资管理有限公司总经理

李邦洪　成都武侯高新技术产业发展股份有限公司业务拓展部副部长

李曙光　湖南汇丰商业有限公司副总经理

林美兰　美国友邦（香港）财富管理副总监

林武杰　中国工商银行深圳新沙支行行长

刘达辉　缔奇时尚品牌管理有限公司创始人

刘孟淇　北京爱智慧科技有限公司 CEO

盛亚军　易代收信息技术（连云港）有限公司董事长

王　博　慕尚文化投资发展有限公司董事长兼总裁

王国地　营创学院哈尔滨分院院长

王　豪　明治雪糕（广州）有限公司副总经理

张泽谦　深邦智能科技（青岛）有限公司董事长

郑　昊　长沙金域医学检验所有限公司总监

郑皓天　厦门米粒医疗科技有限公司联合创始人

钟琦丽　怀化支点教育咨询有限公司总经理

仲迎祎　中国邮政储蓄银行北京分行支行副行长

周尚勇　天顶星（天津）电子科技有限公司总经理

周顺青　青岛宝姿源美容养生连锁机构董事长